경북의 종가문화 3

종가의 멋과 맛이 넘쳐 나는 곳,
봉화 충재 권벌 종가

경북의 종가문화 3

종가의 멋과 맛이 넘쳐 나는 곳,
봉화 충재 권벌 종가

기획 | 경상북도 · 경북대학교 영남문화연구원
지은이 | 한필원
펴낸이 | 오정혜
펴낸곳 | 예문서원

편집 | 유미희
디자인 | 김세연
인쇄 및 제본 | 주) 상지사 P&B

초판 1쇄 | 2011년 12월 23일

주소 | 서울시 성북구 안암동 4가 41-10 건양빌딩 4층
출판등록 | 1993. 1. 7 제6-0130호
전화 | 925-5914 / 팩스 | 929-2285
홈페이지 | http://www.yemoon.com
이메일 | yemoonsw@empas.com

ISBN 978-89-7646-271-8 04980
ISBN 978-89-7646-268-8(전10권)

값 15,000원

경북의 종가문화 3

종가의 멋과 맛이 넘쳐 나는 곳,
봉화 충재 권벌 종가

한필원 지음

예문서원

지은이의 말

우리 역사에서 15세기 말부터 16세기 전반처럼 불안했던 시대도 드물다. 무오사화戊午士禍(1498), 갑자사화甲子士禍(1504), 기묘사화己卯士禍(1519), 을사사화乙巳士禍(1545) 등 네 차례의 사화가 그 기간에 발생했다. 이 불안한 시대는 많은 뜻있는 이들을 갈등과 좌절의 늪으로, 이른 죽음으로 몰아넣었다. 충재冲齋 권벌權橃(1478~1548)은 정확하게 그 시대를 살다 갔다.

가장 불안한 시대를 살다 갔기에 오히려 충재가 가졌던 신념과 실천이 더욱 돋보이는지도 모른다. 그는 현실에 안주하거나 타협하지 않고 정치 현장에서 시대에 맞섰으며, 자신이 믿는 바를 주저하지 않고 실천했다. 그 밑바탕에는 '공公' 이라는 개념이 있었다. 공동체 중심의 동아시아 전통사회에서 공동의 개념은 강했지만, 공공公共의 개념은 아예 없었거나 있었다 해도 매우 취약했다는 인식이 있다. 건축을 공부하는 내가 이런 인식의 타당성을 논할 입장은 아니나 적어도 충재는 공동체의 경계를 넘어서는 공적인 삶을 실천하려고 노력했던 인물이다. 공과 사의 구분이 모호하고 사회 정의가 쉽게 흔들리는 이 시대, 원칙과 명분은 언제나 실리의 뒤로 숨는 현대사회에서 공의 개념을 정립하고 평생 일관되게 실천한 충재 권벌의 삶은 우리에게 큰 교훈이자 따끔한 가르침으로 다가온다.

조광조가 급진적인 개혁을 추진하던 시절, 충재는 좀 더 완만하지만 합리적으로 사회를 진보시키려 했다. 그러나 당시는 그의 비교적 온건했던 생각도 받아들여질 수 없는 상황이었다. 결국 그는 관직에서 물러나 인생의 전성기인 4~50대 13여 년을 새로운 삶터를 개척하는 데 보낸다. 충재는 사회에서의 좌절을 개인적 삶의 안일로 몰고 가지 않았다. 그는 장기적인 안목에서 닭실마을을 개척하고 대대로 이어 나갈 지속 가능한 삶터의 토대를 놓았다. 그리고 대대로 이어 나갈 아름다운 건축의 방식을 보여 주었다. 5세기 전 충재가 빼어난 경관 속에 자연과 함께하는 건축을 구현한 닭실마을 일대는 오늘날 국가지정문화재인 명승 제60호로 지정되어 있다.

인간의 삶은 공간에 어떻게 투영되는 것일까? 이 질문에 답하는 것은 건축을 공부하는 내게 언제나 하나의 도전이다. 충재와 그 후손들이 남긴 아름답고 수준 높은 건축에서 충재의 철학과 신념을 읽어 낼 수 있을 것인가? 오늘날 우리가 일상적으로 경험하는 건축과 음식에서 진정한 멋이나 맛을 찾기는 어렵다. 그럼 충재가 남긴 발자취에서, 그리고 충재종가의 숨은 전통에서 건축의 참된 멋과 음식의 진실한 맛을 찾을 수는 없을까?

이런 질문들에 답하려는 의도에서 이 책을 쓰기 시작했다. 이 책의 구성은 충재라는 인물에서 시작해 그의 공간, 그리고 충재종가의 문화로 전개되지만, 실제로 나는 닭실마을을 중심으로 한 충재의 공간에서부터 생각을 풀어 나갔다. 공간을 분석하고 해석하면서 그곳에 깃든 생각을 추적해 끌어내고, 마침내 그런 생각을 한 인물과 그 시대의 문화로 탐구를 진행했다.

이 책은 충재라는 인물의 사회적 · 공간적 실천을 현대를 사는 건축학자가 실증적으로 뒤따라가 본 것이다. 그의 사회적 실천에 대해서는 앞선 연구자들의 여러 문헌을 참고했으며, 공간적 실천에 대해서는 주로 내가 현장에서 관찰하고 경험하고 사색한 내용을 정리했다. 귀한 연구로 후학을 이끌어 주신 분들께 고마운 마음을 전하고 싶다.

마지막으로 이 책을 쓰는 데 직접적인 도움을 아끼지 않으신 충재종가의 종손 권종목 · 권용철 선생 부자, 그리고 경북대 영남문화연구원의 여러 선생님들께 감사드린다. 그분들이 놓아 준

디리를 건너 만난 충재 권벌은 둔한 재주로 책을 써야 하는 나의 부끄러운 고통마저 잊게 해 주었다.

이 책을 쓰는 과정은 훌륭한 삶을 살다 간 충재라는 인물을 알아가는 과정이자 나 자신의 부족함을 깨닫는 고통의 여정이었다. 독자들도 이 책에서 격동의 시대를 살다 간 주인공이 현대인들에게 전해 주는 이야기들을 겸허히 경청하길 바란다.

2011년 5월

어둠이 소리 없이 지하 벽을 타고 사라지는 '소리결' 에서

한필원

차례

7
4
3
1
6
2
5
0 10 30 50m

제1장 충재 권벌, 좋은 세상을 꿈꾸다

1. 일관된 신념

1) 절의를 지키려 은거한 가문

1478년(성종 9) 11월 6일 이른 아침, 권벌은 안동의 작은 마을 도지촌刀只村, 현재의 안동시 북후면 도촌道村에서 아버지 용양위 부호군龍驤衛副護軍 권사빈權士彬과 어머니 파평윤씨의 4남 1녀 중 둘째 아들로 태어났다. 권벌의 자는 중허仲虛, 호는 충재冲齋 또는 훤정萱亭이다.

도지촌에 권벌의 집안이 자리 잡은 것은 그의 부친 때다. 그곳에 부친 권사빈의 외가인 서원정씨西原鄭氏들이 살고 있었다. 권벌의 모친은 영원부원군鈴原府院君 윤호尹壕의 형인 윤당尹塘의 딸이다. 그런데 윤호는 성종의 계비인 정현왕후의 아버지이므로 정현왕후와 권벌의 어머니 윤씨는 사촌 자매 사이이다.

권벌은 안동권씨 판서공파判書公派에 속한다. 그런데 이 가문은 파시조派始祖부터 세상의 권력이 바뀔 때 권력보다는 의로움을 택해 은거하는 전통을 가지고 있었다. 판서공파의 파시조인 권벌의 5대조 권인權靷은 고려 공민왕 때 문과에 급제해 예의판서를 지냈다. 그는 고려가 망하자 안동의 소야촌所夜村, 현재의 안동시 서후면 교리에 은거했다. 태조와 방원이 여러 차례 그를 불렀으나 그에 응하지 않고 절의節義를 지키며 호를 '송파松坡'라고 했다. 고려의 수도인 송도松都를 잊지 못한다는 뜻이다. 뒤에 마을 이름까지 송파로 고쳤다. 권인의 증손, 곧 권벌의 조부인 권곤權琨은 현감을 지내고 선략장군에 올랐는데, 세조의 왕위 찬탈에 울분해 낙향하고 고향에서 두문불출했다.

2) 글자 한 자 때문에 3년 늦게 왕의 물음에 답하다

안동부 도지촌에서 어린 시절을 보낸 충재는 열 살 때 숙부인 권사수權士秀를 따라 봉화로 이주한다. 그때 이미 문장의 대구對句를 맞추어 사람들을 놀라게 했다고 한다. 숙부 권사수가 똑똑한 충재를 학문의 길로 이끈 것으로 보인다. 충재가 학문을 계승한 스승이 있었는지는 뚜렷하지 않다. 아마도 숙부를 비롯해서 집안의 어른들부터 가르침을 받고 스스로 공부한 것 같다.

충재는 약관弱冠에도 이르기 전인 1496년(연산군 2)에 진사시에 2등으로 합격해 진사가 됨으로써 뛰어난 재주를 보여 준다. 그러나 충재가 공부를 하고 세상으로 나가는 길이 순탄치만은 않았다. 27세 때인 1504년(연산군 10)에 충재는 문과에 급제했으나 곧바로 취소되었다. 이유는 그가 제출한 과거시험, 곧 책문策問의 답안지에 '처處' 자가 있었기 때문이다.

연산군 시절, 여러 대의 임금을 충성으로 모신 김처선金處善이라는 환관宦官이 있었다. 연산군이 왕이 되어 방탕하게 굴자 김처선이 바른말로 충고했다. 그러자 연산군은 그의 다리와 혀를 잘라 죽이고 조정이든 민간이든 처선處善이란 두 글자를 쓰지 못하도록 했다.

충재는 뜻밖의 황당한 이유로 과거시험 합격이 취소된 지 3년 만인 1507년(중종 2), 30세가 돼서야 별시 문과에 병과 2등으로 급제한다. 이때 제출한 책문의 답안을 보면 세상과 정치를 보는 충재의 생각이 잘 드러나 있다.

과거의 한 형식이었던 책문은 시험문제에 대해 대책과 정략을 기술하는 것이다. 시험문제는 왕이나 왕을 대신한 관리가 제출하는데, 대개 정치 현안을 묻는 내용으로 문제가 아주 길다. 이에 대해 응시자들은 조심스럽게 자신의 주장을 펼친다.

충재가 받은 시험문제는 "처음에는 착하지 않은 이가 없으나 끝까지 착한 이는 적다"는 『서경』 「대아大雅」의 시를 인용하는 것으로 시작하는데, 그것을 짧게 요약하면 다음과 같다.

> 비록 처음 시작은 잘했더라도 반드시 끝을 잘 맺는 것은 아니니, 그 까닭은 무엇인가? 나는 덕이 없지만 조상의 큰 업을 물려받아 날이 밝기도 전에 일어나 옷을 차려 입고 해가 진 뒤에 저녁을 먹고도 부지런히 정치를 하려고 온갖 노력을 다하고 있지만 끝마침을 잘하지 못할까 걱정이다. 어떻게 하면 시작은 좋았으나 끝에 많은 문제를 낳은 당 태종이나 현종 같은 잘못을 저지르지 않고 하夏·은殷·주周 삼대三代의 성왕聖王처럼 정치를 잘할 수 있겠는가?

충재는 『서경』, 『맹자』, 『상서』, 『논어』, 『빈퇴록賓退錄』, 『대대례大戴禮』 등 6권의 책에서 필요한 문구를 인용하며 그 대책을 길게 제시한다. 그의 대책을 간단히 요약하면 다음과 같다.

> 저는 "마음은 온갖 조화의 근본이고, 도는 바로 정치를 시행하는 도구다"라는 말을 들었습니다. 그러므로 마음을 보존해 근본을 세우고 도를 응용해 정치에 잘 이용한다면, 시작을 잘하고 끝을 잘 맺는 데 무슨 어려움이 있겠습니까?
>
> 맹자는 "탕왕과 무왕은 몸으로 실천하셨다"라고 말했고, 공자

는 "처음과 끝이 한결같은 이는 오직 성인뿐이다"라고 했습니다. 전하께서도 한결같은 마음을 지니시기 바랍니다.

당 태종과 현종이 끝마무리를 잘하지 못한 것 역시 그런 마음가짐이 없었기 때문입니다. 『서경』에 이런 말이 있습니다. "정치에 일관성이 없으면 무슨 일을 하더라도 흉하다." 또한 이런 말도 전해집니다. "흰 실은 물들이기 나름이다."

저는 순임금이 우임금에게 명령한 말을 들었습니다. "개인적인 욕망을 따르는 인심은 위태롭기만 하고, 보편적인 도리를 따르는 도심道心은 은미隱微(묻히거나 작아서 알기 어려움)하기만 하다. 정성스럽고 한결같은 마음으로 중도를 잡아야 한다." 인심은 사적인 것을 생각하기는 쉬워도 공적인 것을 생각하기는 어렵고, 도심은 밝히기는 어려워도 어두워지기는 쉽습니다.

『서경』에 총명하고 지혜로운 성인이라도 생각하지 않으면 바보가 되고, 바보라도 생각할 수 있으면 성인에 이를 수 있다고 했습니다. 생각의 신중함 여부에 성인과 바보의 싹이 보이는 것입니다. 한 나라는 한 사람을 주인으로 삼고, 한 사람은 한 마음을 주인으로 삼습니다. 규모로 말하면, 한 나라는 지극히 크고 한 사람은 지극히 작으니 작은 것이 큰 것을 부릴 수 없을 듯합니다. 그러나 이치로 말하면, 한 나라가 비록 크지만 군주의 마음도 큽니다. 큰 것이 큰 것을 움직이는 것은 그리 어렵지 않습니다.

군주는 마음을 크게 가져야 하는 까닭을 생각하지 않으면 안 됩니다. 마음이 싹트기 전에 간직하고 기르며, 싹텄을 때 반성하고 살펴, 사물과 몸에 예속되지 말아야 합니다. 쉬울 때는 어려움을 생각하며, 작은 일에서 시작해 큰 일을 이루어야 합니다. 시작할 때는 마칠 때를 생각하고, 시작을 잘했으면 끝마무리도 잘해야 합니다.
백익伯益은 순이 아직 정치적으로 과오를 범하지 않았는데도 한가로이 놀지나 않을까 훈계했고, 태공太公은 무왕의 무훈이 크게 드러났을 때 단서丹書를 바쳤습니다. 저는 백익과 태공에 견줄 만한 인물은 아니지만 잘잘못을 진술하는 것이 저의 직분입니다. 이것이 바로 제가 임금님을 요순임금처럼 받들겠다는 지극한 마음입니다.

3) 많은 관직을 거치면서도 일관성을 잃지 않다

충재는 승문원承文院(조선시대에 외교문서를 담당한 관청)의 권지부정자權知副正字(문서의 교정을 맡아보던 임시 벼슬)를 시작으로 이듬해에는 예문관 검열로서 무오사화의 일을 다시 따져 이극돈李克墩의 죄를 추가하고 김종직金宗直의 신원伸寃을 청한다. 이후 승정원 주서注書를 거쳐 1509년(중종 4) 연산군 대의 실록인 『연산군일기燕山君日記』를 편찬하는 데 참여했다. 그는 주로 언관言官과 낭관郎官(조선시대 六曹의 5~6품관)의 요직을 두루 거쳤다. 충재가 거친 관직을 대략 정리하면 다음의 【충재 권벌의 역임 관직표】와 같다. 충재가 많은 관직을 거쳤음은 그를 모시는 불천위 제사 때 사당에서 제사 장소인 갱장각羹墻閣으로 신위를 내가는 의식에서 읽는 출주고사出主告辭에 잘 나타나 있다. 그 고사문에 충재가 생전과 사후에 받은 벼슬이 다음과 같이 '증贈' 자를 전후로 길게 나열되어 있다. '숭정대부 의정부 우찬성 겸 지경연 판의금부사 오위도총부 도총관 증 대광보국숭록대부 의정부 영의정 겸 영경연 홍문관 예문관 춘추관 관상감사 시충정공崇政大夫議政府右贊成兼知經筵判義禁府事五衛都摠府都摠管 贈大匡輔國崇祿大夫議政府領議政兼領經筵弘文館藝文館春秋館觀象監事諡忠定公.'

물론 충재가 관직에 연연했던 것은 아니다. 충재뿐 아니라 당시의 학자이자 관료들은 물러날 때를 알았고, 관직에서 물러나서는 향리에서 조용히 자신을 성찰하고 학문에 힘쓰며 후진을 양성했다. 더구나 충재의 집안에는 이미 절의를 지키고 은거하는 전통이 있지 않은가?

실제로 충재는 1519년(중종 14) 4월, 71세의 병든 아버지를 봉양하기 위해 관직에서 물러나 고향에 돌아가기를 청한다. 중종은 향리 가까운 곳에 수령 자리가 비면 특별히 충재를 임명하기로 하고 이를 허락한다. 이런 낙향과 은거는 충재가 꿈꾸던 이상적인 거주공간을 실현할 수 있는 직접적인 계기가 된다.

충재가 본 과거시험의 문제, 곧 책문은 일관성을 유지할 수 있는 방안을 묻는 것이었다. 본래 충재의 성품이나 신념이 그랬던 것인지, 이 책문이 계기가 되었던 것인지는 알 수 없으나, 충재는 일관성을 중시하며 관직생활에서도 시종일관한 모습을 보였다.

무엇보다도, 충재가 유독 많은 일기를 남긴 데서 그의 일관된 면모를 엿볼 수 있다. 『충재일기冲齋日記』는 충재가 영천군수로 있을 때 쓴 일기로, 1514년 9월 14일부터 시작하여 1515년 10월 16일까지 보고 행한 일들을 적고 있다. 표지에는 "마음을 다해 백성을 사랑한다"는 내용 등 수령으로서 해야 할 도리를 자필로 적은 문구가 있다. 당시 생활 실태를 잘 보여 주는 『충재일기』는 현재 보물 제261호 및 896-12호로 지정되어 충재종가 옆의 '충재박물관'에 소장되어 있다.

『한원일기翰苑日記』는 예문관 검열檢閱로 있을 때 작성한 것이며, 『당후일기堂後日記』는 충재가 당후관의 직책을 수행하면서 겸사관兼史官으로 활동하던 시기에 작성한 사초다. 『승선일기承宣日記』는 승정원 승지로 발탁되어 겸사관으로 활동하던 1518년(중종 13) 5월 15일부터 11월 6일까지를 기록한 사초다. 『춘양일기春陽日記』는 충재가 하리下吏를 시켜 쓰게 하고 손수 교정한 일기로, 기묘사화로 파직되었다가 복관되어 밀양부사로 부임한 날부터 임기 동안(1533. 5. 18 ~ 1534. 3월 말)의 일상생활을 기록한 것이다. 이들 일기는 충재 개인의 생활을 살필 수 있는 자료일 뿐 아니라 임진왜란 이전 지방관의 모습을 이해하는 데 매우 중요한 가치를 지닌다.

【충재 권벌의 역임 관직표】

나이	연도	내용
1세	1478(성종 9)	출생
30세	1507(중종 2)	문과 급제, 승무원 권지부정자權知副正字, 예문관 검열檢閱
31세	1508(중종 3)	예문관 봉교奉敎, 승정원 주서注書
33세	1510(중종 5)	홍문관 부수찬副修撰, 사간원 정언正言, 예조좌랑, 병조좌랑
36세	1513(중종 8)	사헌부 지평持平
37세	1514(중종 9)	이조좌랑, 호조좌랑, 영천군수
40세	1517(중종 12)	사헌부 장령, 의정부 사인舍人
41세	1518(중종 13)	성균관 사성司成, 승정원 우승지右承旨, 좌부승지左副承旨, 좌승지左承旨, 도승지都承旨
42세	1519(중종 14)	예조참판, 삼척부사(6월)
43세	1520(중종 15)	고신추탈告身追奪(벼슬을 취소함)
56세	1533(중종 28)	직첩職牒(관직 임명장) 환급還給, 용양위부호군龍驤衛副護軍, 밀양부사
58세	1535(중종 30)	한성부좌윤
60세	1537(중종 32)	충무위상호군, 한성부좌윤
61세	1538(중종 33)	경상도 관찰사 겸 병마수군절도사, 동지중추부사, 형조참판
62세	1539(중종 34)	병조참판, 한성부판윤, 종계주청사

63세	1540(중종 35)	병조판서, 의정부 좌참찬
64세	1541(중종 36)	예조판서, 의정부 좌참찬
67세	1544(중종 39)	의정부 좌참찬
68세	1545(인종 1)	의정부 우찬성, 원상院相, 병조판서, 삭탈관직(10월), 귀향
70세	1547(명종 2)	양재역벽서사건, 삭주 유배
71세	1548(명종 3)	몰歿

4) 충재, 정몽주를 논하다

충재는 22세 때인 1499년에 화순최씨를 부인으로 맞는다. 부인은 직장直長(조선시대 종7품 벼슬) 최세연崔世演의 딸이다. 최씨부인은 포은圃隱 정몽주鄭夢周(1337~1392)의 외 5세손이기도 하다. 이렇게 정몽주는 죽은 지 100년이 더 지나 충재와 인연을 맺는다.

잘 알려진 대로, 고려 말 정몽주는 이성계를 왕으로 추대하려는 조준趙浚 · 남은南誾 · 정도전鄭道傳 등의 책모를 알고 기회를 보아 이들을 제거하려 했다. 마침 명나라에서 돌아오는 세자 석奭을 마중 나갔던 이성계가 황주黃州에서 사냥하다가 낙마하여 벽란도碧瀾渡에 드러눕게 되자, 그 기회에 먼저 이성계의 오른팔인 조준 등을 제거하려고 했다. 이를 눈치 챈 이방원李芳遠(뒤의 태종)이 아버지 이성계에게 위급을 고하여 그날 밤 병을 무릅쓰고 개성으로 돌아오게 하는 한편, 정몽주를 제거할 계획을 꾸몄다. 정몽주도 이를 알고 정세를 엿보려 이성계를 문병하고 귀가하던 도중 선죽교善竹橋에서 이방원과 모의한 조영규趙英珪 등에게 피살되었다.

이로써 정몽주는 새 권력에 의해 반역자로 규정된다. 그러나 정몽주는 사후 아이러니하게도 그를 살해하도록 교사했던 태종으로부터 영의정 벼슬과 '문충' 이라는 시호를 받음으로써 충절의 표상으로 받아들여진다. 성리학에 뛰어나 동방리학東方理學의 시조로 추앙되었으며, 고려 말 중국에서 수입된 『주자가례朱子家禮』에 따라 사회윤리와 기강을 정립하려 했던 정몽주의 정신이 성리학의 이념을 바탕으로 새로운 사회질서를 정착시키려던 당시 왕실의 의도와 부합되었기 때문이리라.

그러나 정몽주는 여전히 반역과 충절이라는 이중적인 상징을 가진 인물이었다. 충재는 정몽주가 가진 이런 이중적인 상징성을 극복하고 그를 존경하는 인물로 복권해야 한다고 주장했다. 당시 충절은 사회 기강을 바로 세우는 데 무엇보다도 요구되는 덕목이었다. 그래서 충재는 충절을 목숨으로 지킨 정몽주를 재평가하고 그의 덕을 널리 알리는 일이 꼭 필요하다고 보았다.

1518년(중종 13) 10월 그는 임금 앞에서 정몽주에 대해 다음과 같이 논한다.

국가의 원기를 널리 펴지도록 해야 하니, 사기士氣가 꺾이지

앉은 뒤에야 근본이 공고해집니다. 요즈음 예조의 공사公事를 보면 정몽주의 제문을 짓기를 청했으니 이는 아름다운 일입니다. 사정으로 말하면, 당초의 인심이 태조에게 돌아갔는데, 마침 세자가 경사에 갔다가 돌아올 때 태조와 태종께서 마중 나가 외방에 계셨습니다. 정몽주가 인심이 태조께 돌아감을 보고 대간臺諫을 사주하여 태종께 붙은 조준, 정도전, 남은 등을 다 내쳤습니다. 이때 태조께서 해주에서 사냥하시다가 말에서 떨어져 부상하셨으므로 풍양에서 돌아오셨는데, 정몽주가 조준 등을 귀양 보냈다는 말을 태종께서 듣고 태조께 아뢰어 병환을 참고 개경에 들어오게 하였으니, 형세가 정몽주와 양립할 수 없으므로 정몽주를 제거했습니다. 이것으로 보면 정몽주는 우리나라의 원수와 같습니다. 그러나 이 사람을 포장褒奬(칭찬하고 장려함)하고 존숭해야 강상綱常(三綱과 五常을 아울러 이르는 말. 곧 사람이 지켜야 할 도리)이 크게 밝아집니다.

이에 대해 중종도 정몽주가 태조에게 해를 입혔으므로 원수와 같으나 지금 이 사람을 포장한 뒤에야 나라의 규범을 세울 수 있다고 동의했다. 결국 정몽주는 전국의 문묘文廟에 모셔지게 되었다. 물론 충재가 정몽주의 재평가를 부인의 조상이라는 개인적 차원에서 추진한 것은 아니지만, 이 이야기는 사람의 일은 인연의 연속이라는 생각을 갖게 한다.

5) 신념으로 사화를 관통하다

사화士禍는 조선 성종 대 이후 중앙정계에 새로운 정치세력으로서 등장하기 시작한 사림이 화를 당한 일련의 정치적 사건을 일컫는다. 서로 다른 이유로 연산군 대에서 명종 대까지 무오사화(1498, 연산군 4), 갑자사화(1504, 연산군 10), 기묘사화(1519, 중종 14), 을사사화(1545, 명종 즉위년)로 불리는 모두 네 차례의 사화가 발생했다. 일련의 사화를 거치면서 사림이 계속 화를 입었으나 16세기 중엽 이후 이들이 전적으로 정치를 주도하는 양상이 초래되었다.

충재는 관직에 나가 있는 동안 42세에 기묘사화를, 68세에 을사사화를 겪는다. 모름지기 한 인물의 가치관과 사람됨은 모두가 평온한 시절이 아니라 어렵고 난처한 일에 봉착했을 때 보이는 처신에서 명백히 드러나는 법이다. 충재가 이 두 사화에 대응한 방식을 살펴보면 그의 사상, 그리고 그가 사회와 삶을 대했던 태도를 단적으로 이해할 수 있다.

기묘사화는 1519년(중종 14)에 중종의 명에 따라 홍경주洪景舟, 남곤南袞, 심정沈貞 등이 조광조趙光祖, 김정金淨, 김식金湜, 김구金絿, 윤자임尹自任, 박세희朴世熹, 박훈朴薰, 기준奇遵 등을 체포·구금함으로써 발생했다. 이들에게 적용된 죄명은 붕당朋黨을 결성하여 정치적 입장이 다른 인물들을 배척했다는 사실과 후진을 끌어들여 지나치게 격렬한 언사를 자행했다는 것이었다. 정치권력의 측면에서 볼 때 기묘사화는 왕과 재상, 그리고 언관이 상호 견제·균형을 모색하는 과정에서 언관권이 지나치게 비대해진 것에 대한 왕권·재상권의 대대적인 반격이었다.

조광조에게 사약이 내려지는 것을 필두로 신진사류新進士類가 화를 당함으로써 사림세력은 크게 위축되었다. 또한 이들이 추진했던 정책도 대부분 폐기되었다. 공훈이 박탈되었던 정국공신靖國功臣(연산군을 폐위하고 중종을 추대하는 中宗反正에 공을 세워 공신이 된 103명)의 작위 회복, 1519년(중종 14) 조광조의 건의로 실시된 특별 과거시험인 현량과賢良科(기존의 과거시험과 달리 학행이 뛰어난 사람을 천거하고 이들을 시험하여 급제자를 선발하는 제도로, 薦擧制와 과거제가 혼합된 형태임) 폐기, 향약 폐지 등의 조치가 이루어졌다.

기묘사화 이후 남곤, 심정, 김안로金安老 등의 권신이 집권했다. 그러나 1538년(중종 33)에 이르러 기묘명현己卯名賢, 곧 기묘사화 때 화를 입은 사림의 사면과 복권을 주장하는 유생층의 상소를 계기로 기묘사화에서 화를 입은 사람들 대부분이 사면, 복권되었다. 이로 인해 다시 사림이 등용되기 시작했다.

중종 말기에 이르러 중종의 후사後嗣를 둘러싼 갈등이 생겨났다. 왕세자(뒤의 인종)·장경왕후章敬王后·윤임尹任 측과 경원대군慶原大君(뒤의 명종)·문정왕후文定王后·윤원형尹元衡 측의 갈등이었다. 흔히 전자를 대윤大尹, 후자를 소윤小尹으로 지칭하는데, 이들의 갈등은 노쇠해 가는 중종을 둘러싸고 더욱 첨예하게 대립했고, 왕위승계 과정에 외척세력이 간여하는 정치 상황이 초래되었다.

인종이 재위 8개월 만에 타계하자 12세인 명종이 즉위했다. 명종이 어린 탓으로 문정왕후가 수렴청정을 하고 그의 동생인 소윤의 윤원형 일파가 실권을 장악했다. 을사사화는 이러한 요인이 중첩되는 가운데 명종 즉위년(1545)에 발생했다. 이 사화에서 소윤인 윤원형 일파가 대윤의 윤임 일파를 제거하기 위해 내세운 구실이 이른바 택현설擇賢說이었다. 인종의 후사로 명종이 아니라 계림군桂林君이나 봉성군鳳城君 가운데 현인을 선택하려 했다는 것이다. 결국 문정왕후의 명을 받은 이기李芑, 윤원형, 정순붕鄭順朋, 임백령林百齡, 허자許磁 등이 주도해 윤임, 류관柳灌, 류인숙柳仁淑에게 사약이 내려졌다.

을사사화를 통해 드러난 충재의 신념과 태도는 그가 추구했던 사회적 삶의 본모습을 유감없이 보여 준다. 을사사화로 치닫던 1545년(명종 즉위년) 8월 22일에 열린 충순당忠順堂의 1차 중신회의에서 문정왕후의 위세 속에 대다수의 중신들이 윤임 등의 처벌이 불가피함을 거론하는 가운데 충재는 그들이 붕당을 만들었다고 의심하지 말고 조정 안팎의 인심을 평안하게 하자는 주장을 편다. 그리고 그해 8월 26일, 원상院相(조선시대 어린 왕의 즉위로 섭정이 이루어질 때 승정원에 나와서 왕을 보좌하고 6曹를 통할한 관직) 겸 병조판서 충재는 왕에게 홀로 장문의 글을 올려 유임 등의 죄상이 분명하지 않으니 처벌하지 말 것을 주장한다. 대신大臣을 쫓아내려 한다면 죄명을 분명히 해야 하며, 새로 왕이 즉위한 지 한 달도 안 되어 선왕의 대신들을 제거하는 것은 옳지 못하다고 주장했다.

충재가 대세에 맞섰던 그때의 비장한 상황은 『명종실록』(명종 즉위년 8월 병진)에 다음과 같이 잘 묘사되어 있다.

> 권벌이 이날 새벽 관대冠帶를 하고 바깥마루에 나와 앉아 궁궐로 들어가기 위해 가마를 독촉했다. 아내와 자식들이 그 까닭을 물었다. 권벌이 사실대로 말하자 아내와 자식들이 극구 만류했으나 듣지 않았으며, 가마가 출발하려할 때 딸이 옷을 붙들고 통곡했으나 소매를 뿌리치고 갔다. 그가 가지고 간 글, 곧 계사啓事(임금에게 일을 아뢰는 글)에 "대비는 일개 부인일 뿐이며 임금은 아직 어린아이이다. 선왕의 대신을 귀양 보내는 데 그 죄가 불분명하니 하늘의 진노가 반드시 여기에서 비롯되지 않았다고 할 수 없다. 윤임이 만약 두 마음을 품었다면 임금을 뵌 5~6일 사이에 하지 않고 임금의 자리가 이미 결정된 뒤에 감히 다른 계책을 냈겠는가?" 등의 말이 있었다.
>
> 이때 이언적이 원상으로 승정원에 있다가 계사를 가져다 보고 말하기를 "어찌하여 시기를 생각하지 않습니까? 윤임을 구제할 수 없습니다. 도움은 되지 않고 해만 있을 것입니다"라고 말

하면서 붓을 들어 위험하다고 생각되는 구절을 지워 버렸다. 권벌은 무릎을 두 팔로 안고 벽에 기대어 "그렇게 한다면 계사를 올리는 것이 무슨 소용이 있겠소?"라고 탄식했다.

병조판서 권벌은 가족들이 소매를 붙잡고 만류하는데도 홀로 계사를 올리기 위해 집을 나선 것이다. 윤임, 류관, 류인숙 등 을사사화의 주역으로 지목된 이들의 치죄는 이미 기정사실이었다. 그의 노력으로 상황이 달라질 것은 없었다. 그런데도 충재는 대신을 분명하지 않은 사유로 처벌해서는 안 된다는 입장이었고, 이미 왕위를 물려받은 상황에서 평상시 관료로서의 성향으로 볼 때 늙은 서생書生인 이들이 불충한 생각을 품었을 까닭이 없다고 믿었다. 이처럼 권벌은 죽음을 무릅쓰고라도 무고한 대신을 구하려 했다. 의리를 위해서는 목숨을 아끼지 않는 사생취의捨生取義의 유학정신을 몸으로 실천한 것이다.

충재의 충정을 알면서도 회재晦齋 이언적李彦迪은 이를 만류한다. 만약 이기의 무리가 이 사실을 알았다면 이언적과 권벌은 모두 큰 화를 면하지 못했을 것이다. 그로부터 얼마 안 되어 두 사람은 모두 양재역벽서사건良才驛壁書事件에 연루되어 1547년 9월 충재는 삭주로, 회재는 강계江界로 각각 귀양을 가게 된다. 귀양길에서 두 사람은 비슷한 시각에 벽제역에 이르렀으나 만나지 못한 채 각자 길을 떠났고 그 이후로 영원히 만나지 못했다.

을사사화에 대한 충재의 신념과 지행합일의 태도는 강직한 처신의 전범으로 칭송받는다. 선조와 광해군이 회재를 동방5현의 한 사람으로 문묘에 배향하는 일을 망설인 것과 대비된다. 두 왕은 회재의 학문적 탁월함은 인정하면서도 을사사화 때의 처신에 의문을 제기했다. 이와 관련하여 광해군과 이항복이 주고받은 다음과 같은 말은 두 인물에 대한 후세의 평가를 잘 보여 준다.

이항복이 이언적은 『대학장구보유大學章句補遺』에서 보듯 글이 매우 훌륭하다고 하자 광해군은 그에 동의하면서 다음과 같이 의문을 제기한다. "언적의 학문은 그렇다. 그러나 을사년에 여러 소인들이 조정에 가득했는데 그들과 더불어 일을 함께 하고 물러가지 않은 것은 무엇 때문인가?" 이에 대해 이항복은 "문정왕후가 충순당에서 인견引見(임금이 의식을 갖추고 영의정, 좌의정, 우의정 등의 관리를 만나 보던 일)할 때, 권벌이 한 것만은 못하지만 이언적은 '왕대비王大妃에게는 모자母子의 도道가 있는데 부당한 일이 있으니 성상의 덕에 누가 될까 염려됩니다', '일은 모름지기 명백히 해야 합니다. 그렇지 않으면 사화士禍가 일어날 것입니다'라고 했으니 생명을 걸고 한 말"이라고 주장한다. 당시의 상황으로는 그 정도의 의견을 피력한 것만도 강직함을 보인 것이라는 말이다. 이항복의 견해대로 회재의 처신 또한 강직한 것이었다고 할 수 있으나 충재의 그것과 비교할 때 그의 대응 방식은 적극적이고 진취적이었다고 하기 어렵다. 극한의 상황에서도 충재의 처신은 신념과 행동 사이에 빈틈없는 지행합일의 경지를 보여 주었던 것이다.

한편 율곡栗谷 이이李珥는 경연經筵(임금에게 경서나 역사를 강론하는 자리)에 참여하면서 보고 들은 내용을 기록한 『경연일기經筵日記』에서 충재와 회재를 이렇게 평가한다.

> 사람을 평가할 때는 먼저 그 사람의 큰 절도를 판단하고 나서 그 다음에 세세한 행위를 논하는 것이 옳다. 권벌과 이언적 두 분은, 평소 행실을 반듯하게 하는 데는 권벌이 이언적을 따르지 못했으나, 재앙을 당하여 꿋꿋하게 절개를 지키는 데는 이언적이 권벌에게 양보해야 할 것이다.

6) 정말로 강한 사람

문정왕후를 정점으로 사화를 획책한 이들이 윤임 등 대윤 3인의 처벌을 기정사실화 하는 가운데 충재는 충순당 1차와 2차 중신회의를 통해 이들을 처벌하는 것이 온당하지 못하다고 일관되게 주장했다. 이러한 충재의 태도와 상소에 대해 사신史臣은 "정순붕鄭順朋의 소疏가 이미 올라갔으니 류관 등은 뼈도 못 추리게 되어 구제할 수 없는 형세였는데 권벌은 스스로 꺼리는 일을 범하고는 먼저 나갔다. 권벌이 '아비와 임금을 시해하는 일에는 따르지 않는다. 저 두 사람의 늙은 서생이 무슨 다른 뜻이 있겠는가'라며 그들의 무죄를 주장했으니 머리를 베고 가슴에 구멍을 낸다 해도 말을 바꾸지 않을 실로 무쇠와 같은 사람이었다"라고 논평했다. 당시 을사사화로 치닫는 긴박한 정치적 국면에서도 충재는 그릇된 것을 그릇되었다고 줄곧 강경하게 주장해 '진철한眞鐵漢'이라는 말을 들을 정도로 올곧은 입장을 견지했다.

이후 권벌은 충순당 중신회의에 참석했다는 이유로 공신에 등록되었으나, 우의정 이기 등이 의논에 이의를 제기했던 사람이라고 논계論啓함에 따라 곧바로 삭제되었다. 그리고 충재의 파직을 요청하는 양사兩司의 논계가 제기되면서 파직되어 향리로 돌아갔고, 1546년(명종 1) 8월에 관작官爵까지 삭탈되었다.

충재는 을사사화의 전개 과정에서 문정왕후를 비롯해 사화를 일으킨 사람들의 의도에 정면으로 대응했다. 이러한 대응에 대해 당시의 사관史官은 충재를 절의에 충실한 사람이라고 평했고, 충재와 동년배로 그와 비슷한 인생 경로를 걸었던 김안국金安國(1478~1543)은 그를 절의를 위해 죽을 사람이라고까지 간주했다.

충재가 무쇠 같은 올곧음으로 대응한 을사사화는 참으로 무리한 정변으로, 종래의 사화보다 몇 배 많은 사림들이 화를 입었다. 결국 사화는 '사私'와 '사물私物'이 정치권력의 갈등을 통해 극단적으로 표출된 정치적 사건이었다. 충재가 '공公'의 입장에서 말해야 할 것을 반드시 말하고, 군주는 스스로를 '공기公器'로 여기고 조정 정사를 수행해야 한다고 강조한 것은 당시 자신의 신념에 배치되는 정치 상황에 대한 강력한 대응이었다.

7) 뚜렷한 명분과 온건한 개혁

충재는 명분을 중시하면서도 개혁을 추진한 영남사림의 성리학자이자 문신이다. 그는 관직에 나아가 기묘사화 직전 삼척부사로 부임할 때까지 10여 년간 개혁정치의 추진에 상당한 힘을 실어 주었다. 전향적 · 진취적 면모를 보인 기호사림파들과 달리 당시 관직에 있던 영남사림파는 개혁적인 면모보다는 도리어 훈구파에 가까운 듯한 모습을 드러내고 있었다. 그와 달리 충재는 영남에 근거를 둔 인물로서 개혁정치에 깊이 관여한 드문 예에 속한다.

공직에서 충재가 보인 입장과 태도는 일관되었다. 충재가 경연관으로 있으면서 왕에게 건의한 내용은 『충재선생문집』의 「경연주의經筵奏議」에 실려 있다. 임금이 덕을 쌓을 것과 외환을 방비할 것을 건의하며, 인재등용 등의 왕도정치를 구현하는 방법을 제시했다. 무오사화를 일으킨 이극돈에게 죄를 줄 것을 건의한 내용도 있다. 그리고 계사 가운데는 유자광을 훈적勳籍에서 삭제해야 한다고 주장한 글도 있고, 또한 단종의 어머니 현덕왕후의 능인 소릉昭陵을 복위할 것을 주장한 상소문도 있다.

많은 사료들에서 명분이 뚜렷할 때 왕에게 직언하는 것을 머뭇거리지 않았던 충재의 모습을 볼 수 있다. 그가 남긴 일화들도 개혁적인 관료의 진면목을 보여 준다. 충재의 이런 면모는 깊은 독서와 부단한 자기 수양을 통해 얻은 굳건한 철학에 근거한 것으로 보인다.

충재는 한편으로 명분에 위배된 인물들은 죄를 묻고 관직과 공신 자격을 박탈해야 하며, 다른 한편으로 명분을 올바르게 세우기 위해서는 양자를 들여 대를 잇게 하거나 포장해야 한다고 주장했다. 그는 경연석상에서 이극돈李克墩, 정막개鄭莫介, 류자광柳子光 등을 명분에 위배된 인물로 보고 논죄할 것을 주장한다. 특히 역모 사실을 알렸다고 중종이 당상관계堂上官階를 내린 정막개에 대해서는 신하들 누구도 논박하지 못했지만 충재만이 홀로 위훈삭탈을 주장했다. 명분에 위배되는 행위에 대해서는 조정의 신료들이 전부 반대하더라도 혼자서 가차 없이 임금에게 보고하는 독계獨啓의 방식을 빌려서 논계했던 것이다.

충재를 비롯한 중종조의 사림파가 추진한 개혁은 바로 명분을 회복하고 새로운 통치 질서를 수립하는 것이었다. 성리학적 정신에 따라 새로운 향촌 질서를 수립하는 것은 새로운 통치 질서의 중요한 부분이었다. 그러나 충재는 과격하고 급진적인 사람은 아니었다. 그는 조광조趙光祖, 김정金淨 등과 긴밀한 관계를 가지고 개혁정치에 참여했지만 한편으로는 신상申鏛, 이자李耔 등 온건한 인물들과도 매우 밀접한 관계를 유지했다. 충재는 개혁의 과속을 조절하면서 보·혁 두 세력의 완충 역할을 수행하는 온건한 개혁파로 분류될 수 있다.

2. 공이란 무엇인가

1) 공과 사를 구분하다

『중종실록中宗實錄』과 『인종실록仁宗實錄』 등에 실린 여러 일화는 충재가 벼슬길로 나선 이후 오랜 관료생활 동안 일관된 신념을 견지하고 있었음을 보여 준다. 그것을 하나의 단어로 말하면 '공公' 이다. 충재는 줄곧 공公의 정신에 따라 공도公道를 실현하고자 했다.

1512년(중종 7) 8월 충재는 경연에서 "무릇 시종侍從하는 신하는 생각한 것이 있으면 반드시 말하는 것이니, 말하는 것이 만약 사私라면 그르거니와 그것이 공公이라면 어찌 꺼리며 말하지 않겠습니까. 임금은 마땅히 악한 것은 숨기고 착한 것은 드러내야 하는 것이니, 착한 말은 써 주고 악한 말은 버리는 것이 마땅합니다. 만약 한 마디 말이나 한 가지 일이 적중하지 못한 것 때문에 반드시 죄를 캐고 탄핵하게 된다면, 누가 제 몸을 아끼지 않겠습니까. 뒷날의 폐단은 이루 말할 수 없게 될 것입니다"라고 역설했다.

충재는 공에 해당하는 것이면 어떤 사안이라도 말해야 한다는 입장을 견지했다. 옳다고 생각한 바를 꾸밈없이 그대로 말하는 것이 공이라는 것이다. 그는 어떤 환경에서도 자신의 안위를 돌보지 않고 조금도 주저함이 없이 옳다고 믿는 바를 적극적으로 주장하는 면모를 보였다. 아울러 그는 임금 역시 임금 자리를 사물私物이 아니라 공기公器로 여기는 군주관을 가져야 한다고 강조했다.

1518년(중종 13) 6월에 "요순은 천하를 만백성의 소유로 보고 자기 자신을 그것과 상관이 없는 것으로 여겼던 사람이었습니다. 임금이 그 자리를 천하의 공기로 여긴다면 그의 마음은 넓게 두루 미쳐서 백성에게 은혜를 입힐 수 있지만, 만약 천하를 자기의 소유물로 여긴다면 사사로운 일만을 생각하고 또 욕심이 일어나게 되어 자신을 위하고 욕심을 채우는 일만 하게 됩니다.…… 말세의 임금들은 그가 있는 지위를 자신의 사물로 여긴 나머지 조금만 급박한 일이 있을 것 같으면 사람들을 모조리 죽여 없앴는데, 이는 모두 그 사심에서 나오는 것입니다"라고 했다.

1545년(명종 즉위년) 8월, 명종은 잠저潛邸(임금이 되기 전의 집)에 있을 때의 노비, 전답, 어살魚箭(고기가 들도록 물속에 싸리 · 참대 · 장목 등을 둘러 꽂아 둔 울)을 모두 내수사에 이속시키라는 내용을 담은 전교를 내렸다. 이에 대해 충재는 "노비와 전답은 그렇게 하더라도 어살만은 소속 고을에 지급하여 왕위를 계승한 처음에 공도公道를 밝히는 것이 마땅합니다"라고 하여, 임금은 철저하게 공도에 입각해 고을 전체의 '공公'에 해당하는 재산을 고을에 돌려줌으로써 공을 몸소 실천하는 자세를 즉위 초기에 조정 안팎에 보여야 함을 강조했다.

충재는 공의 사상을 인재 등용의 문제에도 적용한다.

> 좌우의 모든 대부와 나라 사람들이 모두들 어질다고 한 뒤에 등용하고, 모두들 죽여야 한다고 한 뒤에 죽인다는 것은 공론公論을 따라야지 독단으로 처리하면 안 된다는 것입니다. 무릇 사람의 심술은 끝까지 가릴 수가 없어 진실로 사심私心이 있다면 모를 리가 없게 됩니다. 대행 대왕께서 전하께 왕위를 물려주시어 온 나라를 주셨으니 일이 막중합니다. 밤낮으로 효성을 잊지 마시고 조종祖宗(임금의 조상)께서 부탁하신 중임을 생각하시면 국가의 모든 일이 반드시 잘 처리될 것입니다. 대행 대왕께서는 공도公道로 일을 처리하셨기 때문에 즉위하신 지

오래지 않아 조정 안팎이 기쁜 마음으로 복종했으니, 상께서도 모름지기 공도를 생각하소서. "방심放心(양심을 잃은 마음)을 거두라"고 한 말은 『맹자』의 말이며 "대본大本을 세우라" 한 것은 『중용』의 말입니다. 마음이 방일放逸하지 않고, 대본이 확립된다면 공도는 시행될 것입니다.

여기서 충재는 『맹자』 「양혜왕梁惠王 하下」 7장에 나오는 말을 인용하며, 등용과 축출은 모두 공론에 따라야 한다는 주장을 편다. 그런데 공론이란 바로 사사로운 마음을 멀리하는 데서 이루어지며, 사심私心을 멀리하면 공도가 이루어지고 민심을 얻을 수 있다고 했다. 사심을 멀리한다는 것은 바로 방심을 거두는 일이고, 마음을 거두어 흐트러뜨리지 않으면 천하에 큰 근본이 세워져 공도가 시행될 것이라는 주장이다.

충재는 공도의 실현을 위해 문종의 비이자 단종의 생모인 현덕왕후顯德王后 권씨의 능인 소릉을 복위해야 하며, 노산군魯山君 곧 단종 및 연산군의 대를 잇고 정몽주를 포장褒獎(칭찬하고 장려함)해야 한다고 주장했다. 단종복위운동에 왕비 권씨의 동생 권자신權自愼이 연루되자 소릉의 지위를 박탈했던 것이다. 1512년(중종 7) 11월, 충재는 이 문제를 어머니에게 소급시키는 것은 잘못이며, 노산군으로 강등되었다는 이유로 소릉까지 폐위시킬 수 없고, 현덕왕후는 단종복위운동이 일어나기 16년 전(1441) 노산군이 태어날 때에 죽었으므로 폐위시킬 만한 아무 근거가 없다고 주장했다. 결국 중종 8년 3월에 소릉의 지위가 회복되었다.

1518년(중종 13) 9월, 『대학』을 강론하는 경연석상에서 충재는 노산군 및 연산군의 대를 잇는 문제를 제기했다. 그는 "지금 좌우의 신하에게 인도仁道를 강론하게 하니 매우 아름다운 뜻입니다. 그러나 말할 적에만 강론하고 시행하는 데에 나타나지 않으면 이는 인정仁政을 행한다는 소문일 뿐입니다. 전하께서 아랫사람을 인애하는 마음이 지극하다고 하겠으나, 신은 사정에 치우친 마음이 죄다 버려지지 못했다고 봅니다. 노산군은 후사가 없어서 제사가 끊어지게 되었으니 동종同宗 사람으로 후사를 삼아 그 제사를 주관하게 하는 것에 무슨 불가함이 있겠습니까. 그런데 지금까지 그렇게 하지 않으시니 마음이 지극히 공정(至公至正)하지 못해서 그런 것입니다"라며 노산군의 입후立後 문제를 거론한다. 그리고 "심온沈溫, 이방석李芳碩 등은 모두 태종께 죄를 졌는데, 심온의 자손은 세종조가 끝나도록 관직에 채용되지 못했고, 이방석과 이방번은 즉위하신 초기에 다른 일을 할 여가가 없는데도 맨 먼저 후사를 세우게 하였습니다. 그것은 왕실의 대를 중히 여겨서입니다. 무릇 천하와 국가를 위하는 이는 천하를 공도公道로 삼으므로 비록 삼대의 일일지라도 다 힘써 행해야 하는데, 하물며 우리 조종께서 일찍이 행하시던 것은 말할 것도 없습니다. 말할 적에만 강론하고 시행하는 데에는 나타나지 않으면 무슨 도움이 있겠습니까. 인仁은 사랑하는 이치며, 선왕先王의 후사를 소홀히 해서는 안 되니, 측은하게 생각하지 않아서야 되겠습니까"라고 하여, 공도에 대한 강론만이 아니라 이를 실행하는 것이 중요함을 강조했다. 이어서 충재는 인을 행함에 있어 끊어진 대를 이어주는 것보다 더 큰 것이 없으므로 전하의 동기인 연산군에게도 양자를 들여 대를 잇게 해야 한다고 주장했다. 노산군 및 연산군의 입후 문제를 공도의 실행으로 간주했던 것이다.

2) 명분과 실천력을 겸비하다

충재는 명분을 바로 세우는 일뿐만 아니라 세상을 다스리는 경세經世에 대해서도 구체적으로 방안을 제시할 뿐만 아니라 문제의 핵심을 파악하는 통찰력과 균형 감각을 지니고 있었다. 1518년(중종 13) 5월, 임금이 신하들과 저녁에 강론講論하는 석강夕講에서 균전均田에 관한 논의가 제기되자 충재는 토지겸병의 폐단을 막기 위해 이를 실행할 필요가 있으며 시행해 보지도 않고 지엽적인 폐단만을 생각해서는 안 된다는 입장을 피력한다. 중종 14년 2월, 석강에서 충재는 "사람을 쓸 때 덕행을 앞세우고 문예文藝를 뒤로 해야 합니다. 그러나 국가의 입장에서는 관리들의 기술도 무시할 수 없는 것이거늘, 하물며 문예는 국가에서 간절하게 써야 합니다. 비록 덕행과 대등하게 할 수는 없으나 무시해서는 안 됩니다"라고 논계했다. 그는 급진적 개혁을 추진하던 일부 사림들과는 달리 인재를 등용함에 있어서 덕행뿐만 아니라 문예의 측면도 고려해야 한다고 생각했다.

1545년(인종 1) 3월, 전라도수사全羅道水使 양윤의梁允義에 대한 처벌 문제가 대두되었을 때 충재는 다음과 같이 임금에게 직언한다.

> 전라도수사 양윤의의 죄는 진실로 다스려야 합니다. 다만 신이 듣건대 왜인이 화포를 바치려 하지만 말도 순하지 않고, 우리나라를 위협하려는 뜻이 없지 않습니다. 이러한 때에 방비하기가 참으로 어려우니 잘 조치한 뒤에 죄를 다스리는 것이 마땅하겠습니다. 신이 아뢰는 바는 신의 직임이 아니므로 대신에게 의논하고자 했으나 일이 급하여 와서 아뢰니다.

그는 변경의 국방 문제에서 무엇이 중요하고 선후가 무엇인지를 분명히 인식하고 그 방안을 제시했다. 이에 대해 사헌부는 "권벌이 국사를 걱정해 아침이 되기를 기다렸다가 홀로 와서 아뢰었으니 참으로 재상다운 일입니다. 양윤의는 우선 그대로 두도록 명하십시오"라고 하여, 충재를 변방 문제의 중요성을 인식한 참 재상으로 인정했다.

여러 일화를 종합해 볼 때 충재가 말한 공은 옳은 것, 이성적이고 합리적인 것, 그리고 성리학의 정신에 비추어 정의로운 것을 뜻하며, 그것은 실천될 때 비로소 의미를 갖는다. 그러나 충재의 공이 융통성 없는 원칙주의를 의미하지는 않는다. 경우에 따라서는 대의명분보다 실용성을 오히려 우위에 두기도 했다. 충재가 현실 문제를 대처한 방식에서 현안에 대한 통찰력과 균형 감각, 그리고 오랜 경륜에서 비롯된 식견을 잘 살펴볼 수 있다.

3) 독서의 힘

충재는 여러 벼슬을 지내며 훈구파와 사림파 사이를 조정하고 개혁에 참여한다. 그 과정에서 충재는 어떻게 그리도 강하고 일관된 신념을 보일 수 있었으며, 공公의 개념을 세우고 실천할 수 있었을까? 특히 학문을 전수해 준 스승을 특별히 두지 않았던 그가 내린 사상적 뿌리는 어디에 있을까?

나는 충재가 평생을 통해 보여 준 강한 신념과 실천의 뿌리는 폭넓고 깊은 독서에 있을 것으로 생각한다. 당시의 신진 사림들은 성리학의 이념을 바탕으로 스스로를 도학자로 의식하고 『근사록』, 『소학』, 『대학』, 『논어』 등의 책을 읽으며 구태의연한 대신大臣들을 이념적 비판의 대상으로 배척했다. 충재는 특히 『근사록』을 항상 휴대하며 가까이 하고 그 내용을 실천하려 했다.

이황은 「충재행장」에서 "평소 글 읽기를 좋아해 비록 관청에 숙직하는 자리에서도 책 읽기를 멈추지 않았고, 성현의 언행이 절실하고 요긴한 대목을 만나면 반드시 아들과 조카를 불러 펴 보이며 반복해 가르쳤다. 늘 '학문은 반드시 자기를 위한 것이요 과거시험은 지엽적인 일일 뿐' 이라고 말했다"라고 하였다. 말년에는 더욱 『근사록』을 좋아해 충재는 도포 소매 속에 그것을 항상 지니고 다니며 애독했다고 전한다. 이렇게 작게 만들어 소매 속에 넣고 다닌 책을 수진본袖珍本이라고 한다.

충재가 63세 되던 1540년(중종 35) 3월, 중종은 재상 등을 경회루로 불러 꽃구경을 하고 흥겹게 놀도록 한 적이 있다. 연회가 끝났을 때 공은 만취해서 부축을 받고 나갔다. 그때 뒷정리를 하던 내시가 작은 『근사록』을 주웠는데 누구의 것인지를 알지 못했다. 이를 들은 임금이 말하기를 "권벌이 떨어뜨린 것이니 곧 돌려주라"라고 명했다. 임금이 알 정도로 충재가 『근사록』을 가까이 했음을 말해 주는 일화다.

중종 때 경연에서 사용했다는 일화를 들은 영조는 1746년(영조 22) 정랑正郎(조선시대 육조의 정5품 관직)으로 근무하던 충재의 6대손 권만에게 그 『근사록』을 가져오게 해 열람한 뒤 새로 간행한 『근사록』 한 질을 따로 하사했다.

정조도 그 『근사록』에 관심을 두어 1794년(정조 18) 그것을 가져다 본 뒤 서문인 「어제충정공권벌수진근사록서御製忠定公權橃袖珍近思錄序」를 지어서 책과 함께 돌려주었다. 그때 『심경心經』 한

질을 더 하사했다. 『심경』은 중국 송나라 영종 때의 문신 진덕수眞德秀가 심心에 대해 논한 성현들의 격언을 모으고 여러 선비들의 섬세하면서도 주요한 의논을 모아 주석으로 삼은 책으로, 우리나라 유학자들이 반드시 읽어야 할 책 가운데 하나였다. 이 책들은 지금까지 소중하게 간수되어 보물 896호로 지정되었다. 이렇게 『근사록』을 매개로 조정과 충재, 그리고 그의 후손들은 관계를 이어 왔다.

그럼 충재가 그토록 소중히 여긴 『근사록』은 어떤 책인가? 성리학이 무엇인지를 가장 잘 보여 주는 책으로 꼽히는 『근사록』은 중국 송나라 때 유학자 주희朱熹(1130~1200)와 여조겸呂祖謙(1137~1181)이 그들의 사상에 많은 영향을 주었던 북송시대의 대표적인 유학자 주돈이, 정호, 정이, 장재의 저작 가운데 '학문의 요점과 일상생활에서 반드시 실천해야 하는 내용들' 을 발췌하여 초학자들을 위해 편찬한 책이다.

주희의 성리학 체계를 담고 있는 『근사록』은 『소학』과 더불어 조선시대 선비들이 가장 중요시했던 수신 지침서였다. '근사近思' 는 '가깝고 쉬운 것에서부터 생각해 본다' 라는 의미다. "배움을 넓히고 뜻을 독실하게 하며 절실하게 묻고 가까운 데서부터 생각해 보면 인이 그 안에 있다"(博學而篤志 切問而近思 仁在其中矣)라는 『논어』에 실린 자하子夏의 말에서 가져왔다. 『근사록』은 유학의 기본 정신을 잘 이해해야 하며, 그것을 머리로 아는 것에 그치지 않고 실천해야 함을 말하는 책이다.

『근사록』을 누구보다 각별히 수신의 지침서로 삼아 평생 손에서 놓지 않았던 인물이 충재다. 수차례의 사화로 격변하는 소용돌이 정세 속에서도 그는 실천을 중시한 그 책의 가르침대로 올바른 일이라면 어떠한 경우라도 회피하지 않고 절의를 관철하는 삶을 살았다.

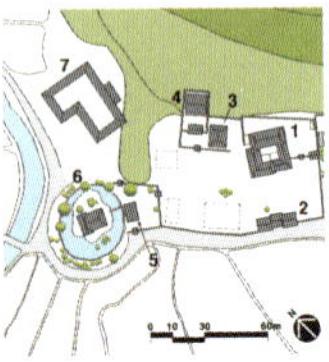

7
4
3
1
6
2
5
0 10 30 60m

제2장 충재 권벌, 닭실에 들어오다

1. 대를 이어 평화롭게 살아갈 터전

1) 16세기 성리학자의 거주관

고려 말에 우리나라에 전래된 성리학은 16세기에 이르러 조선사회의 지배이념이자 일상생활의 원리로 정착한다. 중종(재위 1506~1544)은 어느 임금보다도 성리학적 생활규범의 정착을 위해 노력했다. 중종 때 성리학적 가치관의 실천 교본이라 할 『삼강행실도三綱行實圖』를 가장 많이 배포한 데서 그것을 알 수 있다. 중종은 효자·열녀의 이야기를 그림과 글로 소개한 이 책의 내용을 "여항閭巷(백성들의 거주지)의 백성들에게도 모두 알게 하고 싶다"며 한 번에 무려 2,940질이나 찍어서 중앙과 지방에 배포했다. 당시

관에서 발간한 어떤 서적도 300부를 넘는 일이 드물었음을 생각하면 중종이 얼마나 공을 들였는지 알 수 있다.

이런 분위기 속에서 16세기의 사림들은 향촌사회를 무대로 성리학에 바탕을 둔 유교적 이상사회를 꿈꾸었다. 또 한편으로는 무오(1498, 연산군 4) · 갑자(1504, 연산군 10) · 기묘(1519, 중종 14) · 을사(1545, 명종 즉위년)로 이어지는 사화를 직 · 간접적으로 겪으며 거주에서 무엇보다도 안정성과 지속 가능성을 추구했다. 충재 또한 닭실마을에 정착해 성리학적 이상공간을 조성하고 대대로 지속되기를 바라는 꿈을 품었을 것이다.

성리학자들은 일상생활에서 리理의 의미를 투철하게 이해하고 그 앎을 구체적으로 행위화하는 것을 공부론의 핵심으로 삼았다. 따라서 일상의 공간인 주택을 조영造營하는 데도 자신들의 학문적 신념을 지행합일知行合一의 태도로 견지했다. 이로 볼 때 충재의 사상은 그가 조성한 공간에 고스란히 투영되었을 것으로 추정된다.

충재가 가졌던 거주공간에 대한 생각, 그리고 그가 거주공간을 조성한 방식은 동시대를 살아간 많은 성리학자들의 생각이나 방식과 공통점이 있을 것으로 생각된다. 한 가지 예를 들어 보자. 충재는 생활공간을 현실적인 일상생활이 일어나는 일상 영역과 일상을 초월하여 자연과 함께하는 이상理想 영역으로 구분해서 구성했다. 그런데 이러한 공간구성 방식은 안동 하회마을에 거주한 겸암謙庵 류운룡柳雲龍(1539~1601)과 서애西厓 류성룡柳成龍(1542~1607) 형제의 공간구성 방식과 유사하다. 따라서 충재가 닭실마을에 들어와 마을을 일구기 시작한 16세기 전반에 성리학자들이 일반적으로 가졌던 거주관을 살펴보는 것은 충재가 조성한 공간의 특성을 이해하는 데 직접적인 도움이 된다.

조선시대의 중심 세력인 사대부계층은 성리학적 유교문화의 자연 · 공간관에 따라 거주지를 선택하고 마을과 주택을 구성하며 독특한 성리학적 거주환경을 형성했다. 그러한 성리학적 거주환경의 기반이 되는 공간개념은 다음과 같이 크게 세 가지로 정리할 수 있다.

첫째, 성리학은 주체인 인간과 객체인 자연의 합일을 강조하는 문화적 태도를 학문적으로 체계화하고, 특히 생활공간 차원의 실천을 주장해 왔다. 둘째, 성리학적 공간개념은 위계적 공간구성으로 나타난다. 셋째, 성리학적 공간 체계에서는 의례의 장소가 강조된다.

성리학의 자연관 · 우주관은 도가사상의 영향을 받았다. 도가는 자연을 이상화하고 세상의 고정관념을 초월하여 대자연과의 합일을 지향한다. 이러한 도가의 영향을 받은 성리학자들은 '소우주—대우주'의 유기체적 세계관을 체계화하고 인간과 자연이 조화 · 합일되어야 한다는 자연관을 가졌다. 소우주—대우주의 관념은 신체—주택—마을—국가—우주의 유추類推를 성립

시켜 유기체적 세계관의 근거가 되었다. 이에 따라 거주 영역을 형성할 때도 그것을 분명히 규정하되, 영역을 둘러싸는 더 큰 영역, 나아가서는 주변의 자연경관과 단절되지 않도록 구성하는 것이 특징이다.

주거에서 신분 · 성 · 연령에 따라 공간 또는 영역의 위계적인 구조화가 이루어지는 것은 성리학적 가치관의 직접적인 영향이다. 이에 따라 거주공간은 여러 세부 영역들로 조직되며, 성격이 다른 영역들 사이를 연결하는 공간인 전이공간이 발달했다. 그리고 일상생활에서의 예禮를 중시하는 성리학의 영향으로 주택에서는 대청이나 사당, 마을에서는 사당, 선산 및 재실 등 제사를 모시는 의례儀禮의 장소가 중시되었다.

당시의 성리학자들은 사용 공간은 최소화하려 노력했지만 자연과 건축의 일체화를 통해 영역의 확장을 꾀했다. 이는 건물 내에서 모든 거주활동을 수용하려는 현대의 건축과는 대조되는 측면이다. 성리학자들의 건축은 인공시설과 담장에 의해 영역이 구분되는 일차적 장소에 국한되지 않고 주변의 자연환경으로 거주 영역을 넓혔다. 특히 자연 요소에 이름을 지음으로써 주거공간과 자연의 관계를 설정했다. 이렇게 '이름 짓기' 에 의해 주변 경관을 실존공간화하는 방식은 주자朱子로부터 시작된 전통으로서 당시 유교문화권의 특징적 주거관을 보여 주는 것이다.

충재의 거주공간이 당시 성리학자들의 거주관 혹은 공간관을 반영하는 것은 물론이지만, 거주공간은 거주자의 특정한 사상과 조건을 반영하므로 충재의 공간에 고유한 특성이 없다고 생각해서는 안 된다. 충재의 공간을 좀 더 구체적으로 살펴보면 다른 인물들이 다른 곳에 조성한 거주공간에서는 찾아볼 수 없는 독자적인 특성과 면모를 확인할 수 있을 것이다.

2) 충재, 삶의 후반을 닭실마을에서 시작하다

충재는 영천군수 · 예조참판 등 여러 벼슬을 지내며 훈구파와 사림파 사이를 조정하고 개혁에 참여한다. 당시의 신진 사림들은 성리학의 이념을 바탕으로 구태의연한 대신들을 비판하고 배척한다. 그러나 그것이 자칫 파당派黨으로 전개되어 결국은 나라를 위태롭게 할 조짐이 되고 있음을 감지한 권벌은 이자李耔, 신상申鏛 등과 함께 신진 사림과 대신 사이를 조정하려 하나 뜻대로 되지 않는다.

조광조의 급진적 개혁 추진에 따라 조정의 정국이 급박하게 전개되자 당시 예조참판이던 충재는 아버지가 연로하고 병이 들어 봉양을 해야 한다는 이유를 들어 임금에게 고향으로 돌아가는 것을 허락해 달라고 청한다. 기묘사화가 일어난 1519년(중종 14) 4월 16일의 일이다. 그리고 임금은 그해 6월 이를 허락하고 그의 고향에서 가까운 삼척의 부사로 임명한다. 그때 충재는 도촌의 집에 들러서 부모께 인사를 한 다음 부임지인 삼척으로 향하는 도중에 닭실 앞을 지나는데 사람이 살 만한 좋은 곳이라는 인상을 받고 그곳을 마음속에 점지해 둔다. 그곳은 돌아가신 어머니 윤씨와 외조부 윤당尹塘의 묘지가 있는 곳이기도 했다.

충재는 중앙이 아니라 외직에 있어 1519년(중종 14) 11월 조광조를 비롯한 개혁파 사림들이 제거된 기묘사화의 직접적인 화를 면한다. 충재 개인에게는 참으로 다행스러운 일이었다. 그러나 충재는 승지로 재직할 때의 익명서匿名書와 관련해 파직되고 안동으로 돌아온다. 그리고 다음 해인 1520년 안동 도촌에서 닭실 마을로 들어와 정착한다. 그의 나이 43세 때의 일이다. 앞에서 말한 대로 충재가 속한 안동권씨 판서공파 가문은 이미 두 차례에 걸쳐 은거했다. 이런 의미에서 충재는 가문의 전통을 이었다 하겠다.

기묘사화 때는 충재 외에도 많은 사람들이 벼슬에서 물러나 낙향했다. 그렇게 낙향한 인물들은 좀 더 안전하고 오래 거주할 수 있는 자신의 터전을 조성했다. 중앙정치에서 배제된 사림들은 향촌을 자신들의 이상을 실현할 공간으로 삼았던 것이다. 사화라는 극단적인 사회 변동이 지방 곳곳에서 지속 가능한 마을들이 만들어지는 계기로 작용했으니 역사의 아이러니가 아닐 수 없다.

충재는 일찍 출세했으나 당시는 명석한 젊은 관료가 순탄한 삶을 살 수 있는 그런 세상이 아니었다. 그는 성년이 되면서 무오사화와 갑자사화를 지켜보았다. 갑자사화는 그의 과거 급제가 취소된 27세 때 발생했다. 그 뒤 삼척부사로 있으면서 기묘사화를, 재상의 위치에서 을사사화를 몸소 겪었다. 그의 삶은 사화와 함께했다고 해도 지나친 말이 아니다. 아마도 그에게는 기묘사화 이후에 닭실마을을 개척하고 1533년(중종 28) 밀양부사로 나가기까지 이곳에서 지낸 십여 년이 가장 행복한 시간이 아니었을까 싶다.

1533년에 복직된 충재는 밀양부사를 거쳐 한성좌윤, 좌참찬 겸 세자좌빈객 등 요직을 두루 거치고 우찬성右贊成(조선시대 의정부의 차관으로 종1품 벼슬)까지 오른다. 그러나 명종이 즉위한 1545년에 일어난 을사사화로 인해 그해 10월에 파직되어 다시 고향으로 돌아온다. 그리고 1547년(명종 2)에 양재역벽서사건에 연루되어 전남 구례를 거쳐 신의주의 북동쪽 80㎞ 거리에 있는 평안도 삭주朔州에 유배된다.

양재역벽서사건이란 당시 한양에서 남쪽으로 나가는 첫 번째 역인 양재역의 벽에서 어린 명종을 위해 수렴청정을 하던 문정왕후와 권신 이기 등을 비난하는 글이 발견되어 관련된 인물들이 극형을 받거나 처벌을 받은 사건이다. 벽서에는 "여자 군주가 위에서 정권을 잡고 이기 같은 간신들이 아래에서 권세를 농간하고 있으니 나라가 장차 망할 것을 서서 기다릴 수밖에 없게 되었다"는 내용이 쓰여 있었다. 역사가들은 이 사건을 명종의 외삼촌인 윤원형 일당이 꾸며낸 것으로 해석한다. 이로 인해 충재와 회재 이언적 등은 지위를 박탈당하고 유배 가게 된다. 충재는 삭주에 유배된 이듬해인 1548년(중종 3) 3월 26일 향년 71세의 나이로 유배지에서 죽음을 맞이한다. 그해 5월 충재의 시신은 자신이 개척한 닭실마을로 운구되어 11월 장례가 치러진다.

2. 닭실마을은 어떤 곳인가

1) 깊숙이 숨어 살 만한 곳

닭실마을은 경상북도 봉화군 봉화읍 유곡 1리, 봉화읍에서 1.6㎞ 정도 떨어진 곳에 자리 잡고 있다. '닭실' 은 유곡酉谷을 이르는 우리말이다. 닭실은 달실이라고 불리기도 했다. 닭실마을은 조선시대에 안동부 내성현乃城縣에 속했다. 내성현은 조선 초기부터 파평윤씨 일파가 전장田莊으로 사용하던 곳이다.

봉화읍에서 내성천에 걸친 봉화교를 건너 36번 국도 춘양 방면으로 부여현이라는 작은 고개를 넘으면 왼쪽으로 닭실마을이 보인다. 이 고개를 넘어 영동선 굴다리 밑을 지나 마을로 들어가는 유곡교를 중심으로 마을이 동서로 나뉜다. 유곡 2리로 편제된 동쪽 마을은 묘방卯方, 곧 해가 뜨는 방위라 하여 묘곡卯谷 또는 해를 토해 낸다는 뜻으로 토일吐日이라 부른다. 서쪽의 유곡 1리는 유방酉方, 곧 해가 지는 방위라 하여 유곡이라 한다.

닭실마을이 속한 봉화는 한반도에서 손꼽히는 오지다. 전국에서 땅값이 제일 싼 곳으로 봉화군에 있는 어느 산을 꼽는 것을 보면 봉화가 얼마나 외진 곳인지 알 수 있다. 태백산과 소백산 사이에 있는 봉화는 선달산 · 문수산 등 해발 1,000m가 넘는 산들로 둘러싸여 있는데, 닭실마을은 그 안에서 다시 해발 200~300m의 야산으로 둘려 있다. 닭실마을과 주변 지역은 이중환李重煥(1690~1752)의 『택리지擇里志』에서 묘사된 대로 "깊은 두메로, 병란과 세상을 피해서 살 만한 곳"이다. 그래서 이곳은 6 · 25전쟁의 피해도 덜했다. 지금은 봉화에서 울진으로 가는 36번 국도를 통해 닭실마을로 가다 보면 마을이 훤히 드러나지만, 일제강점기에 그 국도가 생기기 전까지 마을로 가는 주 접근 방향이었던 마을 남동쪽 삼계서원三溪書院 쪽에서 석천정사石泉精舍를 거쳐 마을로 들어가는 길에서는 남산을 끼고 돌 때까지 마을의 존재를 예상하기 힘들다. 남산이 마을을 완전히 가려서 울창한 낙락장송들 사이로 난 마을 어귀 길에서는 마을이 조금도 보이지 않기 때문이다.

마을로 향하는 옛길은 깨끗한 물이 흐르는 석천계곡을 따라서 나 있다. 도연명陶淵明의 『도화원기桃花源記』에서처럼 복숭아꽃

이 개울물에 떠내려 올 것만 같다. 닭실을 둘러보면, 이렇게 자연과 하나가 되어 평화롭게 은신할 수 있는 터는 드물다는 생각이 든다. 일제강점기에 우리의 풍수를 연구한 학자인 무라야마 지준(村山智順)도 자신의 책 『조선의 풍수(朝鮮の風水)』에서 경주의 양동마을, 풍산의 하회마을, 임하의 내앞마을과 함께 닭실을 삼남三南의 4대 길지(四大吉地)로 꼽았다. 이 희귀한 삶터 닭실마을은 1963년에 마을 단위로는 처음으로 국가문화재가 된다. '내성유곡 충재 관계 유적'이 '사적 및 명승 제3호'가 된 것이다. 2009년에는 '봉화 청암정과 석천계곡'이라는 이름의 '명승 제60호'로 변경되어 닭실마을의 뛰어난 경관이 다시 인정받았다.

우리 조상들은 자손들이 대를 이어 편안하게 살 수 있는 삶터, 곧 요즘 이야기로 지속 가능한 마을을 잡을 때 무엇보다도 그 입지를 중요하게 고려했다. 특히 농업생산을 기반으로 한 조선시대 사대부가 일족의 생활을 영위할 터전은 주변에 적절한 농경지를 확보할 수 있는 곳이어야 했다.

『택리지』와 『석천지石泉誌』의 「석천정사 산수총론」에는 닭실마을의 입지가 정확하게 설명되어 있다. 또한 닭실의 입지 특성은 고산자古山子 김정호金正浩의 「대동여지도」와 실학자 여암旅菴 신경준申景濬이 작성한 『산경표山經表』를 통해서도 확인할 수 있다. 이러한 자료들을 통해 충재가 닭실마을을 삶의 터전으로 삼은 이유도 추정해 볼 수 있을 것이다.

이중환은 『택리지』의 「팔도 총론 경상도조」에서 "안동 북쪽에 있는 내성촌은 이상(좌찬성을 지낸 것을 말함) 권벌이 살던 곳으로, 못 가운데 있는 큰 바위가 섬과 같으며 흐르는 물이 사방으로 둘러싸고 돌아 자못 경치가 그윽하다. 또 북쪽에 있는 춘양촌은 바로 태백산 남쪽이 되는데, 정언正言 권두기權斗紀가 대를 이은 한 수정이 있다. 이 또한 시내에 임하여 너그럽고 그윽하여 묘한 경치다"라고 말한다. 수공간이 자아내는 풍광의 아름다움이 닭실 마을의 특징임을 말해 준다. 또한 닭실과 춘양이 함께 묘사된 데서 이미 두 지역이 하나의 거주 권역으로 이해되고 있음을 엿볼 수 있다.

「대동여지도」에 닭실은 북에서 남으로 향하던 백두대간이 태백산에 이르러 방향을 바꾸어서 동에서 서로 산줄기가 뻗어 소백산에 이르는 곳에 있다. 『산경표』에 의하면 산줄기가 태백산太白山·수다산水多山·백병산白屛山·마아산馬兒山·충적산串赤山·소백산小白山·죽령竹嶺 등으로 연결되는데, 춘양현은 수다산 남쪽에 위치한다. 그리고 백병산·문수산文殊山·용점산龍岾山(葛坊山)·금륜산金輪山(봉화의 鎭山) 등으로 연결되는 산줄기가 남서에서 물줄기와 어우러져서 맺어지는 산곡에 닭실이 위치한다.

『석천지石泉誌』의 「석천정사 산수총론」에는 전체 산수 체계에서 본 닭실의 입지에 더해, 닭실을 구성하는 석천정사, 광풍대, 삼계서원, 청암정, 광풍대, 제월대 등의 위치와 구조가 다음과 같이 자세하고 세밀하게 묘사되어 있다. 이 글에는 닭실마을의 입지가 멀리서부터 이어져 온 산세의 흐름과 수계水系가 만나는 지점으로 부각되어 있다.

"정사로부터 북쪽 40리 밖에 문수산이 있으니 이는 곧 태백산 서쪽 가지(백병산)로 뻗은 산이다. 문수산 동쪽 가지가 흘러서 갈방산(용점산)이 되었고, 갈방산이 남쪽으로 달아나 십 리쯤 내려와 금륜봉(금륜산)이 되었으니 봉화의 주산이다. 다시 서쪽으로 꺾어 북쪽으로 흘러 거촌과 산정, 황전을 끼고 사금동을 지나 유곡의 진손방에 이르러 우뚝 솟은 높은 봉우리를 지으니 이것이 바로 옥적봉玉笛峯이다.…… 부여현에 이르러 다시 준엄하게 솟아 가로 뻗어서 유곡의 남산이 되어 황토강에 와서 그치니 이것이 곧 정사의 뒷산이다. 다시 유곡 남산 앞쪽으로 작은 맥이 흘러 꿈틀꿈틀 서쪽으로 달아나면서 동남으로 정사를 포옹하여 매듭지으며 광풍대를 이룬다. 또 한 가지가 문수산 중턱에서 떨어져 내려와 남쪽으로 수십 리를 달려 많은 굴절과 비양을 거쳐서 깊은 골은 송생동이 되어 달리면서 토일마을을 이룬다. 다시 높이 일어나 마치 닭이 날개를 치고 울 적에 목이 드리운 듯한 형태의 봉우리는 백설령白雪嶺이며 아래로 조금 내려와 간잠이 되니 이것이 유곡의 주산으로 단정하고 무게 있고 높고 엄절한 기상은 저절로 경건함을 느끼게 한다.…… 또 한 가지가 문수산 중록으로부터 오른쪽으로 30여 리를 내려와 멀리 내유곡에 이르러 오붓하게 동학을 이루니 이것이 안닭실이요, 산 가지가 흐트러지며 산세가 수려하고 동학이 이루어지니 여기가 재사동이다. 여기서부터 다시 남쪽으로 달아나 1리쯤 가면 수사미가 있고 다시 산세가 높아지며 병풍처럼 둘러져 기상이 응결한 곳은 선폐암과 청하동 천벽이 있으니 이는 곧 정사의 서쪽 산으로 삼계서원의 주산이며 유곡마을의 백호가 된다. 문수산 북쪽에 이른바 백병산이 있으니 이것이 태백산의 지맥으로 그 가지가 남쪽으로 50~60리를 달려 내려와 삼계서원의 남산으로 제월대를 이루면서 그쳐서 광풍대와 서로 마주하였다. 광풍 · 제월 두 대의 아래로 동서에서 내려오는 두 갈래의 시내가 흐르니 한 물은 문수산 동쪽에서 발원하여 이름을 문계文溪라 하며 서쪽으로 수십 리를 흐르면서 창해蒼海와 양정凉亭, 토곡吐谷을 지나 유곡 청암정 앞에 이르러 북쪽에서 흘러오는 작은 시내와 합류하여 석천정사 헌함 아래로 흘러 삼계서원의 동쪽으로 나오고, 또 한 물은 백병산에서 발원하여 남쪽으로 40~50리를 흐르면서 서원의 서쪽 시내가 되어 서원의 앞에 이르러 동쪽 시내와 합류하여 남쪽으로 나오니 이것이 이른바 합강合江이다."

2) 닭실마을의 형국

마을에 유곡이라는 이름을 붙인 것은 마을 주변의 산세 모양

닭실마을 형국도

이 마치 닭이 날개를 치면서 우는 형상과 같아서라 한다. 1995년 안동권씨 유곡종친회에서 펴낸 『유곡 오백년 문화文華』에서는 "마을 서쪽 깎아지른 산 위에서 바라보면 바로 '금계포란'의 형국이어서 닭실이라는 이름이 붙여졌다"고 하며, 닭실의 형국을 다음과 같이 묘사한다. "동북으로 문수산(1206m)이 병풍처럼 둘러 있고 그 줄기가 서남으로 뻗어 내려 백운령이 되어 암탉이 알을 품은 듯 간좌곤향艮坐坤向(북동쪽을 등지고 남서쪽을 바라봄)으로 자리 잡고, 동남으로 신선이 옥퉁소를 불었다는 옥적봉이 수탉이 활개치는 듯한 모습이다. 문수산에서 발원한 창평천昌坪川이 이 마을 앞을 감돌아 서쪽으로 흘러 신탄新灘이 되고 또 한 줄기 시내가 서북에서 흘러와서 마을 서남쪽에서 합류하여 석천계곡을 지나 합강에서 내성천을 이룬다."

닭실마을의 형국을 이렇게 암수 두 마리의 닭으로 형상화하기도 하지만 알을 품은 암탉으로 형상화하기도 한다. 닭실의 풍수 형국은 금계포란형, 곧 알을 품은 닭의 모양이다. 사실 마을에서 닭의 모습을 연상하기는 어려웠는데, '닭실마을 형국도'를 그려 보니 마을의 형국을 잘 이해할 수 있었다. 마을은 옥적봉과 남산이라는 두 날개와 백설령이라는 꼬리 사이에 아늑하게 품긴 달걀에 해당한다.

그런데 이 형국도를 보면 끔찍하게도 영동선 기찻길과 36번 국도가 닭의 목을 이중으로 자르고 지나간다. 영주와 강릉을 잇는 영동선은 인근 거촌리를 거치는 것이 합리적이나 굳이 우회시켜서 닭의 목을 잘랐다. 일제가 마을을 두 번 죽이려 한 것인데, 일제강점기에 이와 비슷한 교활한 작태들이 적지 않게 저질러졌다. 좋은 지기地氣를 절단해 훌륭한 인물이 나는 것을 막음으로써 식민지를 고착화하려는 것이 그 이유였음은 잘 알려진 그대로다.

닭실마을 앞으로는 '앞에 있는 고랑' 이라는 뜻에서 흔히 '앞거랑' 이라고 부르는 시내가 마을의 안길과 일정한 거리를 두고 나란히 흐른다. 앞거랑은 마을의 평화로운 정취를 더욱 그윽하게 해 주는데, 물이 깊지 않고 매우 맑으며 바닥에는 세월이 다

과거 마을 어귀였던 남산 기슭에서 본 닭실마을. 문전옥답을 앞에 두고, 백설령을 중심으로 펼쳐진 산자락을 따라 좁고 긴 주거지가 조성되었다.

들어 준 깨끗한 바위가 깔려 있어서 발을 한번 담그고 싶은 충동을 자아낸다. 주거지 앞에서 앞거랑은 청암정 옆을 지나온 서쪽거랑과 만나 석천정사 앞을 S자를 그리며 휘돌아 나간다. 그리고 이 시내는 삼계서원 앞을 흐르는 동막천과 합쳐져서 낙동강 지류인 내성천에 합류한다. 앞거랑을 건너 마을로 들어오자면 은신처의 분위기가 물씬 풍긴다.

마을의 주거지는 문수산의 지맥인 백설령(280m)과 중구대(252m)를 주산으로 삼아 앞거랑과 서쪽거랑 사이에 조성되었다. 주거지 앞쪽은 주거지와 같은 폭의 안산인 남산(262m)이 아늑하게 막아 준다. 주거지는 지형을 따라 흐르는 듯 좁고 길다. 집이 지어진 대지도 주거지 형태에 따라 앞뒤로 좁고 옆으로 긴 모양이어서, 뒤뜰은 간략하게 처리되고 대신에 옆 마당, 특히 햇볕이 잘 드는 남동쪽 옆 마당이 발달했다. 주거지의 앞쪽 경계를 이루는 안길과 앞거랑 사이에는 문전옥답門前沃畓이 있다.

닭실마을의 주거지는 비교적 일정한 간격으로 발달한 세 개의 샛길을 중심으로 세 구역으로 나뉜다. 주거지의 북서쪽부터 1 · 2 · 3 구역으로 번호를 지정하면, 주거지는 대체로 1구역에서 3구역으로 성장했다. 이렇게 물리적으로 구분된 세 구역은 각각 안동권씨 판서공파의 세 지파支派에 대체로 대응한다. 곧, 1구역에는 하당파荷塘派, 3구역에는 선암파仙岩派가 모여 산다. 닭실에 있는 두 집이 겸와파謙窩派에 속하는데, 그중 한 집인 권원 가옥은

한식기와
일식기와
함석 또는 슬레이트
초 가
평슬라브
철거된 건물
0
20
50
100m
N

2구역에 있다.

그럼 충재는 왜 인생의 후반부를 보내고 자손들이 오랫동안 살아나갈 터전으로 닭실마을을 선정했을까? 『택리지』를 비롯한 여러 문헌에서 닭실마을의 특징으로 아름다운 경치를 꼽은 것에서 미루어 볼 때 충재도 자연 풍광의 아름다움에 매료되어 닭실마을을 개척하기 시작했을 가능성이 크다. 그럼 충재는 당시의 통치 철학이자 사대부의 삶의 양식을 규정한 성리학의 이상을 닭실마을에서 어떻게 구현하려고 했을까? 충재의 사상을 살핌으로써 이런 의문을 풀어 보자.

닭실마을 배치도
1. 석천정사 2. 청암정 3. 충재 4. 충재종택 사당 5. 갱장각 6. 충재종택 7. 권각 가옥 8. 권승호 가옥 9. 권석대 가옥(관행당)
10. 권현섭 가옥 11. 권영섭 가옥 12. 권석수 가옥 13. 권원 가옥 14. 권세기 가옥 15. 권양호 가옥 16. 권영석 가옥
17. 권규 가옥 18. 권석오 가옥 사당 19. 권석오 가옥 20. 권석주 가옥 21. 권석휴 가옥 22. 권성호 가옥 23. 권진수 가옥
24. 권성기 가옥 25. 권경 가옥 26. 권승환 가옥 27. 권수기 가옥 28. 권영창 가옥 29. 권기정 가옥 30. 경로당
31. 유과공장 32. 충재박물관

3. 공간으로 읽은 충재 권벌의 생각

1) 생활공간과 생산공간, 일상 영역과 이상 영역

지금으로부터 250여 년 전에 발표된 이중환의 『택리지』에는 이상적인 거주 영역에 대한 생각이 잘 나타나 있다. 이중환은 살 만한 곳의 요건으로 지리地理 · 생리生利 · 인심人心 · 산수山水를 들고 그것들을 조화롭게 구비해야 한다고 강조했다.

땅의 흐름을 말하는 '지리'는 풍수지리적 입지 조건으로 모든 거주공간의 조성에 공통적으로 적용되는 요건이다. 이로움을 얻는 '생리'와 사회생활의 측면을 말한 '인심'은 일상적인 생활공간의 요건이다. 마지막으로 '산수'는 환경심리적인 측면을 말하는데, 그는 집 근처에 정서 함양을 위한 자연환경이 있어야 바람직하다고 했다. 그러나 산수가 좋은 곳은 생리가 박한 곳이 많음을 지적하면서, 우선 기름진 땅이 있는 곳을 고르고 일정한 거리에 산수 좋은 곳을 마련하는 방안을 제시했다. 경치 좋은 곳은 거주지에서 어느 정도 거리가 있어도 때때로 찾아가 휴식을 취할 수 있지만 경제활동은 일상적이기 때문에 이를 더 중시한 것이다.

한편, 다음의 시는 충재가 닭실에 거처를 정하고 자신이 꿈꾸던 거주 영역을 조성해 간 심정을 잘 보여 준다.

어젯밤 꿈속에 천태산이 들어오더니,
오늘 아침 이곳을 보자 그와 꼭 닮았구나.
청량산 높이 솟아 하늘을 지탱하며 섰고,
낙동강물 넘실넘실 바다로 흘러가네.
도연명은 끝내 율리에 돌아와야 했고,
왕형은 마침내 부용성에 누워야 했네.
세상만사 처음부터 헤아려 보노니,
누가 궁리하다 천록각에서 뛰어내린 양웅을 불쌍히 여기랴.

昨夜天台入夢中　今朝見此政相同
清凉矗矗撑天位　潢洛溶溶望海通
元亮終須歸栗里　芳卿端合臥芙蓉

世間萬事從頭數　窮理誰憐投閣雄

「망선암 벽에 쓰인 시에 차운하다」(次望僊庵壁上韻)

닭실에서 가까운 곳에 청량산이 있고 그 속에 망선암이 있다. 이 시는 망선암 벽에 붙어 있는 누군가의 시에 차운한 것이다. 시의 첫 부분에서 충재는 이상적인 공간을 그리고 있음을 내비친다. 그곳은 청량산과 낙동강물로 상징되는 배산임수의 명당이다. 율리에서 버들을 심어 놓고 한적하게 산 도연명처럼, 신선 주요영朱瑤英과 부용성芙蓉城에서 노닌 일을 잊지 못한 왕형王逈처럼, 충재 자신도 자연과 함께하는 삶터를 꿈꾼다.

시의 마지막 구절에 『한서漢書』의 옛 이야기를 인용하고 있다. 양웅은 전한前漢 말의 학자이자 문인이다. 문장력을 인정받아 성제成帝 때 궁정문인이 되었다. 왕망王莽이 정권을 찬탈한 뒤에는 새 정권을 찬미하는 문장을 써서 뒤에 성리학자들에게 지조가 없는 사람으로 비난의 대상이 되었다. 양웅은 궁중의 서적을 보관한 천록각天祿閣에서 책을 교정하는 일을 하다가 옥리獄吏가 자신을 잡으러 온다는 말에 지레 겁을 먹고 누각에서 뛰어내려 자살했다고 한다. 이 구절에서 권력에 야합하지 않고 절의를 지키며 향리에서 바른 삶을 살겠다는 충재의 의지를 읽을 수 있다.

충재의 삶과 직접 관련되는 공간은 크게 생활공간과 생산공간으로 나누어 볼 수 있다. 전자는 닭실마을이고 후자는 장원, 곧 농경지가 있던 춘양이다. 또한 생활공간은 현실적인 일상생활이 일어나는 일상 영역과 자연과 하나 되는 천일합일을 꿈꾼 이상 영역으로 다시 나누어 볼 수 있다. 전자는 마을의 주거지이고, 후자는 그로부터 어느 정도 격리된 별서別墅이다. 별서란 세속을 피해 한적하고 경치 좋은 곳에 마련한 살림집과는 별도의 거주공간을 말한다. 일상의 번잡함을 벗어난 곳에 별서를 마련하고 심신을 수양하는 것은 조선시대 사대부의 일반적인 관행이었다.

일상생활이 일어나는 일상 영역은 분명 종가를 중심으로 하는 마을 주거지다. 이상 영역은 주거지에서 시내 건너편 산기슭에 조성한 석천정사 일대로 볼 수 있다. 물을 건너는 것은 이상 영역으로 들어가는 의식이다. 이는 화천花川의 양쪽에 두 영역을 배치한 하회마을에서도 잘 볼 수 있다. 일상 영역과 이상 영역 사이에는 남산의 자락이 내려와 있어 두 영역은 시각적 · 공간적으로 구분된다.

『석천지石泉誌』에 석천정사는 다음과 같이 묘사되어 있는데, 이로부터 그곳이 세속에서 벗어난 이상 영역으로 인식되었음을 알 수 있다.

> 삼계 운영교로부터 북쪽을 향하여 물과 골짜기를 따라 올라가다 천하동천을 지나면서 산세가 더욱 기절하고 물은 더욱 급류로 흐르며 동학이 더욱 그윽하고 한적하며 깨끗한 별천지가

있으니, 여기가 곧 석천이다. 처음 충정공이 시내를 의지하여 돌로 쌓아 대를 만들고 날마다 산책하던 곳으로, 청암공이 이곳에 정사 8, 9칸을 세워 '석천정사'라 이름 했으니, 지경이 맑고 깨끗하며 날 듯한 정사는 마치 신선이 기거하는 요대와도 같아서 티끌세상 밖인 듯하다.

2) 사후 공간

충재는 사후 20년이 지난 1568년(선조 1) 2월에 의정부 좌의정에 증직贈職되고, 6월에는 퇴계 이황이 행장行狀(죽은 이의 이력과 업적을 기록한 글)을 짓는다. 그리고 1571년(선조 4) 9월에는 조광조·이언적과 함께 시호諡號를 받게 되는데, 충재에게는 충정忠定의 시호가 내려진다. 시호란 훌륭한 신하나 학자가 죽은 뒤에 그 생전의 공덕을 기려 임금이 내린 이름을 말한다. 그리고 1590년(선조 23) 종계변무宗系辨誣의 공으로 원종공신 일등 녹권과 함께 영의정으로 추증된다.

종계변무란 조선 개국 초부터 선조 때까지 약 200년간 잘못 기록된 태조 이성계의 종계宗系, 곧 혈통을 시정해 달라고 명나라에 요구한 일을 말한다. 명나라의 『태조실록』과 『대명회전大明會典』에 태조 이성계가 고려의 권신權臣 이인임李仁任의 아들이라고 잘못 기록되어 있었던 것이다. 이인임은 우왕 때의 권신으로 이성계의 정적이었는데, 이성계가 그의 후사라는 것은 도저히 용납될 수 없는 것이었다. 또한 이성계의 가계를 바로잡는 문제는 조선 건국 직후 왕통의 적법성과 왕권 확립에 대단히 중요한 문제였다. 충재는 1539년 주청사奏請使(조선시대에 중국에 주청할 일이 있을 때 보내던 사절)로서 명나라에 파견되어 이 기록의 수정을 요구했다. 그 뒤에도 사신을 잇달아 파견해 마침내 1584년(선조 17) 주청사 황정욱黃廷彧이 중찬된 『대명회전』 가운데 수정된 조선 관계 기록을 가지고 돌아옴으로써 종계변무 문제가 해결의 길로 들어섰다.

충재 사후 40년이 지난 1588년(선조 21)에 지역의 유림들이 모여 충재를 모시는 서원 건립을 논의한다. 그때 안동부사로 있던 동강東岡 김우옹金宇顒이 적극 찬성하여 1592년 봄 마을 서쪽 산 너머, 과거 닭실마을 어귀인 사현리에 삼계서원이 세워진다. 김우옹은 현의 남쪽에 있던 안양폐사安養廢寺와 가비골 서당에 속한 농지를 서원에 속하도록 했다. 그러나 때마침 발발한 임진왜란으로 인해 1601년(선조 34) 9월에야 삼계서원에 충재의 위패가 모셔졌다. 모든 건물과 문의 이름은 한강寒岡 정구鄭逑가 정했는데, 사당을 충정공사忠定公祠, 강당을 정일당精一堂, 동재를 사무사思無邪, 서재를 무불경毋不敬, 정문을 환성문喚惺門, 문루를 관물루觀物樓라고 각각 명명했다. 이렇게 충재가 죽은 지 53년, 충재가 닭실로 들어온 지 81년이 지나서야 의식儀式과 교육을 위한 공식적인 공간이 갖추어진다. 이는 성리학적 거주 영역에서 꼭 필요한 공간

삼계서원 관물루. 철근콘크리트로 거칠게 복원된 건물이다. 오른쪽 뒤로 '충재선생신도비' 비각이 보인다.

이었다.

삼계서원은 1660년(현종 1) 임금이 편액을 내려서 사액서원賜額書院이 되었다. 1868년(고종 5)에는 서원철폐령에 따라 충정공사, 환성문, 관물루가 훼철되었다가, 1951년에 복원되었다.

삼계서원의 배치는, 앞에는 공부하는 공간을 두고 그 뒤 동쪽에 제사 지내는 사당을 배치한 전학후묘前學後廟의 형식이다. 중층의 문루인 관물루 아래에 설치된 환성문을 통해 들어가면 오른쪽에 1906년 사림에서 세운 '충재선생신도비'와 비각이 자리하고 있다. 전면에 강당이 자리하고 그 좌우에 동 · 서재가 있다.

강당 건물의 구성은 특이하다. 전면 4칸의 건물인데, 동쪽 세 칸은 대청이고 서쪽 한 칸은 온돌방이다. 대청 앞쪽에는 분합문(들어열개문)이 설치되어 있어서 여름철에 벽면을 완전히 개방하여 시원하게 사용할 수 있다. 일반적으로 서원의 강당 건물에는 양쪽 끝 칸에 협실이라 부르는 온돌방을 두는데, 삼계서원의 정일당과 퇴계를 모신 안동 도산서원의 전교당은 원장이 기거하는 동쪽의 협실이 없고 서쪽의 협실만 있다. 강당 오른쪽으로 돌아들면 토담으로 구획된 제향 공간인 충정공사가 자리하고 있으며, 서재 왼쪽에 서원을 관리하는 관리사가 대문채를 두고 위치하고 있다.

삼계서원은 정연한 배치에 공간의 위계성이 돋보인다. 뒤에 복원된 건물인 관물루와 사당은 본래의 모습을 지니지 못하고 있으나, 동재와 서재에서는 본래의 모습을 부분적으로나마 찾을 수 있다. '문화재자료' 로 지정된 이 서원에서는 봄 · 가을로 충재에게 제사를 지낸다.

7
4
3
1
6
2
5
0 10 30 60m

제3장 사람들, 대를 이어 멋의 역사를 만들다

1. 충재의 문학

1) 서원에서 문집을 간행하다

서원은 기본적으로 큰 학자를 모시고 제사를 지내는 배향 기능과 유생들이 모여 학업을 하는 강학 기능을 갖는다. 이런 배움의 공간에서 중요한 한 가지 활동은 출판이다. 서원은 훌륭한 선비들의 글을 편집하고 출판하는 장소였다. 그래서 서원마다 판본을 보관하는 장판각藏板閣이라는 건물이 있다.

충재를 모신 삼계서원에서도 충재는 물론 그와 관련되는 인물에 관한 책을 출판했다. 충재의 5대손인 권두경權斗經은 『퇴계선생언행록』을 이곳에서 편집하고 간행했다.

충재의 시문은 사화와 전란으로 대부분 흩어졌지만, 그가 죽은 뒤 120년 만에 후손 권목權霂, 권유權濡 등은 사림에서 전해지는 시문과 집안에서 전해지는 일기에서 시문을 뽑아 본집을 만들고 연보를 앞에 붙였다. 그리고 조정에서 내린 포상의 글과 후세의 선비들이 그를 기려 지은 시를 모아서 부록으로 엮어 1671년 삼계서원에서 『충재선생문집』을 간행했다.

그 후 1705년에 초간본에서 빠진 시문을 모으고 부록을 증보, 정리하여 새로 편집해 중간본을 펴냈다. 1752년에 『충재일기』를 덧붙여 중편본을 냈고, 1930년에 실록에서 발췌한 상소문 등과 여러 가지 글, 교유한 사람들의 연보 등에서 새로운 사실을 따와서 연보를 증보해 삼계서원에서 삼간본을 간행했다.

『충재선생문집』에 실린 「충재선생연보」에 이런 이야기가 나온다. 충재는 열 살 때인 1487년(성종 18) 자식이 없이 자신을 아끼던 숙부 권사수를 따라서 봉화로 간다. 그때 숙부가 날아가는 기러기를 보고서 시를 지어 보라고 하자 충재는 "사람은 북쪽으로 가는데 기러기는 남쪽으로 날아가는구나"(人北去雁南飛)라며 대구對句를 맞춘 시로 답한다. 퇴계 이황은 그가 지은 충재의 행장에서 "문장의 뜻을 일찍부터 알아 문장을 짓거나 대구를 맞추어 번번이 사람을 놀라게 하였고, 조금 자라서는 문장으로서 이름이 높았다"라고 기록하고 있다.

민족문화추진회에서 간행한 영인표점 한국문집총간 제19책인 『충재집』에 충재의 시 42수가 실려 있다. 그런데 삼계서원에서 1930년에 10권 6책으로 간행된 문집이 1985년에 여강출판사에서 영인본으로 출판됐는데 여기에 「영귀咏歸」라는 시 한 편이 더 실려 있어 현재 전하는 충재의 시는 모두 43수다. 하지만 충재가 일생동안 지은 시가 이것뿐이라고 보기는 어려울 듯하다.

한편 『충재집』은 1752년 충재의 신위를 모신 삼계서원에서 목판본으로 세 번째로 간행한 삼간본三刊本이다. 이 책은 1671년에 처음 간행되었는데, 신유년(1681)에 그 초간본을 보고 「독권충정공일고讀權忠定公逸稿」를 쓴 미수眉叟 허목許穆(1595~1682)이 "공께서 돌아가신 지 130여 년이 되었다. 변화도 많은 인간 세상이라 지으신 글이 별로 전하지 않는다. 그래서 지금 후손들에게 남아 있는 것은 단율시短律詩 16수, 편지글 2장, 계사啓事(임금에게 일을 아뢴 글) 1편, 제문祭文 1편, 총묘문塚墓文 1편, 대책對策(임금의 물음에 대답하여 쓴 글) 1편이다"라고 한 것을 보면 초간본에 실린 시는 16수에 지나지 않았다. 현재 충재의 시가 40여 편이나마 전하는 것은 5세손인 창설 권두경(1654~1725)과 외손 이동완李棟完이 수집한 공이다.

2) 충재의 시

충재는 뛰어난 문학성을 보이는 시를 짓기보다는 자신의 생각을 솔직담백하게 시로 표현하는 인물이었다. 아마도 그의 성품이 그대로 시에 나타났을 것이다. 영천군수로 있을 때 자신을 방문한 후진인 회재 이언적에게 술을 지나치게 좋아하는 데 따른 부끄러움을 토로하며 반성하는 마음을 솔직히 내비친 시에서 이런 충재의 진솔한 면모를 잘 알 수 있다. 충재의 시는 난해한 인용과 은유 혹은 화려한 수사를 구사하지 않으면서 삶의 애환과 당시의 심정을 담담하게 표현하는 절제되고 건강한 문학성을 보여 주는 것으로 생각된다. 그럼 충재의 몇몇 시를 감상하며 그가 당시 어떤 생각으로 어떤 삶을 영위했는지 엿보기로 한다. 우리말 해석과 해설은 김언종의 「충재선생 시의 작시作詩 배경고背景考」(『퇴계학』 제19집, 안동대학교 퇴계학연구소, 2010.1)를 참조했다.

봄은 왔어도 술이 지나쳐 폐에 병이 든 몸,
오늘 내 자신이 어버이 저버린 일 부끄럽네.
꽃다운 나이에 술 마시지 않은 건 공의 미덕이니,
나는 공 앞에선 죄인일 수밖에.
傷酒春來肺病身　此身今日愧忘親
妙年不飮多公德　我向公前是罪人
「을해년 정월 30일 밤에 절구 한 수를 읊었다. 이를 써서 이정자李正字 적迪에게 준다」(迪은 회재 선생의 처음 이름이다. 이때 선생은 영천군수로 있었는데 회재께서 마침 영천에 왔다.)

충재보다 13세 연하인 회재 이언적(1491~1553)은 마음이 통하는 후진이었다. 윤임이 중심이 된 이른바 '대윤'을 제거하고 권력을 잡은 윤원형 일파에게 있어 마지막 남은 장애물이 바로 이 두 사람이었다. 충재와 회재는 모두 양재역벽서사건에 연루되어 노년기에 북쪽 먼 지역으로 귀양을 가서 삶의 마지막 순간을 맞는다.

이 시를 지은 을해년, 곧 1515년에 충재는 38세, 회재는 25세였다. 회재는 그 전해에 별시문과 을과에 급제하여 교서관校書館 정자正字(정9품)의 자리에 있었다. 이 시에서, 술을 좋아한 충재는 후배인 회재 앞에서 느낀 부끄러움을 솔직히 토로하고 있다. 술 때문에 폐에 병이 들어 봄이 왔어도 봄의 따스함을 마음껏 느끼지 못하고 자신의 육신을 잘 건사하지 못했으니 부모에게도 불효를 했다고 부끄러워한다.

충재는 평생 술을 퍽 좋아했던 것 같다. 이로부터 25년이 흘러 충재가 63세의 노년이 된 1540년(중종 35) 3월, 임금이 경회루 아래로 와 문무 인재 시험을 보았다. 평가하여 상을 내린 다음 임금은 왕족, 재상들과 함께 후원을 둘러보고 꽃을 감상했다. 그리고 궁중에서 빚은 술을 내려 각기 취할 때까지 즐기라고 했다. 이때 충재는 진짜로 술에 취해서 부축을 받으면서 궁궐(경복궁)을 빠져 나왔다고 한다. 그가 늘 소지했던 작은 『근사록』을 분실해서 왕이 충재의 것으로 짐작하고 돌려주라고 한 것은 바로 이때의 일화다.

또 한 편의 시를 보자.

영남嶺南 하늘 아래 웅장한 누각 높이 세워,
이름난 곳 뛰어난 경치가 눈앞에 펼쳐졌네.
먼 길을 달려가다 몸을 빼내어,
가는 기러기 사라진 곳에 눈길을 보낸다네.
다함이 없는 긴 강은 평평하기가 비단 같고,
끝없는 들녘의 운무는 묽기가 연기와 같구나.
허공에 기대어 봄바람에게 말하노니,
어찌 흩날리는 꽃을 춤추는 술자리에 들어오게 하리오.
高架雄樓嶺外天　名區形勝一望前
抽身長路馳驅裏　送眼歸鴻滅沒邊
不盡長江平似練　無垠野氣淡如煙
憑虛爲報春風道　肯遣飛花入舞筵

「영남루에서 앞 시대 사람이 쓴 시에 차운함」(嶺南樓次前人韻)

충재가 밀양부사로 재직할 시절 밀양의 상징적인 건물인 영남루에서 읊은 시다. 충재는 기묘사화에 연루되어 파직되고 귀향한 지 13여 년 만인 1533년 4월에 복직되어 용양위부호군에 임명된다. 그리고 그해 6월에 외직外職인 밀양부사로 가게 되고,

20세기 초의 영남루. 마당에 지게를 받쳐 놓은 사람들이 누에 올라 난간에 기대 휴식을 취하고 그 아래서는 아이들이 놀고 있다.(출처: 『朝鮮古蹟圖譜』, 조선총독부)

1535년 9월에는 부친상을 당해 귀향한다. 그러므로 충재가 밀양 부사로 재직한 기간은 2년 남짓의 짧은 시간이다.

영남루는 밀양강에 면한 절벽 위 전망이 좋은 곳에 지어진 웅장한 건축물이다. 일찍이 신라 경덕왕 때에는 그 자리에 영남사라는 사찰에 딸린 작은 누각이 있었다. 그것을 고려 공민왕 때인 1365년 진주 촉석루를 모델로 다시 크게 지은 것이 영남루다. 영남루는 진주 촉석루, 평양 부벽루와 함께 우리나라 3대 명루로 이름을 떨쳐 왔다.

밀양의 객사인 밀주관密州館에 부속된 누각으로 읍성의 상징이었던 영남루는 1592년 임진왜란 때 불타 버렸고, 그 후에도 복구와 화재가 여러 차례 반복되었다. 현재의 건물은 1844년 밀양부사 이인재가 중건한 것이다. 동쪽으로 능파당凌波堂, 서쪽으로 침류당枕流堂을 각각 마루와 층계로 연결하여 동적인 균형감을 갖춘, 보기 드문 구성의 대규모 건축물이다.

2. 충재가의 인물과 멋

1) 충재 할배의 뜻을 잇다

충재는 안동권씨 복야공파僕射公派 시조인 권수홍權守洪의 10대손이다. 충재 권벌을 '충재 할배(할아버지)' 라고 부르는 사람들을 흔히 유곡권씨라고 한다. 수시로 충재 할배를 입에 올려 문중에 대해 자부심을 느끼는 유곡 안동권씨 가문은 권두경權斗經, 권두기權斗紀, 권두인權斗寅 등 '두斗' 자 돌림을 쓴 충재의 5대손 때에 와서 전성기를 맞는다.

그 뒤로도 가문이 번창하여 현재 닭실마을을 비롯해 서리 · 법전 · 춘양 · 봉화 · 예천 · 안동지방에서 대대로 살고 있을 뿐 아니라, 멀리 대구 · 삼척 · 강릉 · 서울 등지로 진출해 살고 있다. 조선시대에 문과 급제자 16인, 소과 합격자 59인, 참판 2인, 방백수령 12인, 의병장 3인을 배출했다. 충재의 후손들은 주로 문인으로 안동지방을 중심으로 활동했다.

【안동권씨 복야공파 세계도世系圖】

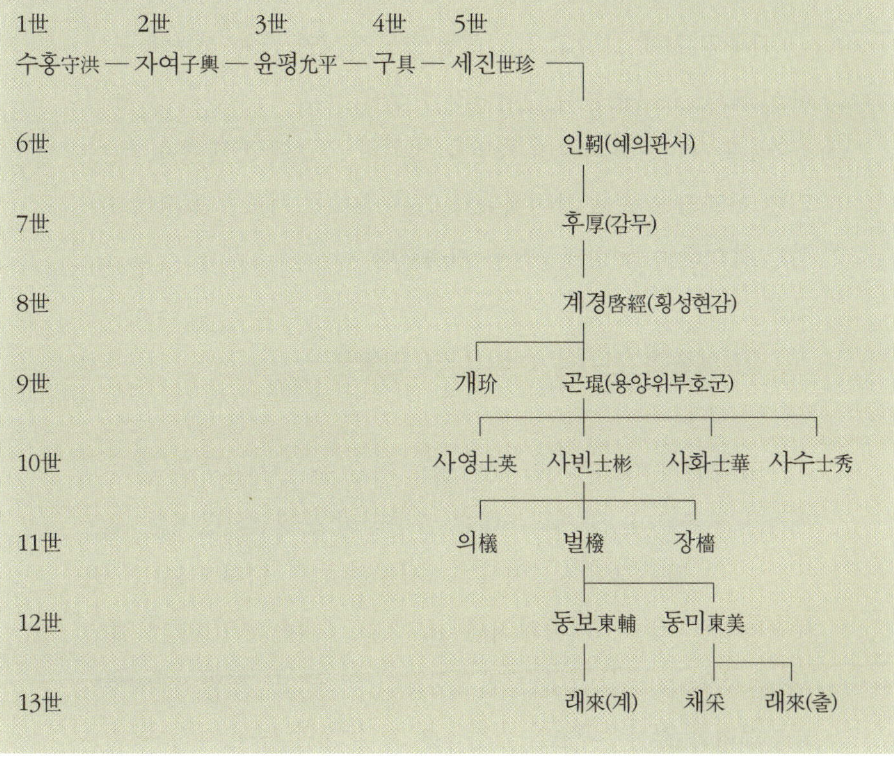

충재의 강직함과 공도公道를 잇는 후손들 여러 사람이 한말의 민족운동과 일제강점기의 독립운동에 앞장섰다. 을미사변과 단발령이 계기가 되어 1895년 말부터 1896년 초에 걸쳐 의병이 전국적으로 일어났는데, 안동 의병도 1895년 12월 초에 시작되었다. 권세연權世淵(1836~1899)은 1895년 말 안동의진安東義陣의 1대 대장으로 활약했다. 권상익權相翊(1863~1935)은 1905년에 을사조약이 체결되자 삼계서원에서 유회를 열어 격문을 작성했다. 이것을 전국 각처에 보냈고 독립청원서를 작성해 중국 정부에 보냈다. 1919년 3·1운동이 일어나자 김창숙, 곽종석, 김한복 등 유림 137명과 파리강화회의에 독립을 청원하는 글에 서명했다. 권상익은 이것의 발송에 참여했다가 일본 경찰에 체포 투옥되어 8개월간 복역하는 등 항일운동을 지속했다.

2) 예술과 건축을 이어 나간 인물들

유곡권씨 가문에서는 분야별로 가장 뛰어난 재주를 뽑아 6기奇라고 부른다. 충재의 5대손 권두인의 문장 '하당지문荷塘之文', 5대손 권두경의 시 '창설재지시蒼雪齋之詩', 역시 5대손인 권두응權斗應의 글씨 '대졸자지필大拙子之筆', 6대손 권만權萬의 재주 '강좌지재江左之才', 7대손 권정침權正忱의 충성 '평암지충平庵之忠', 그리고 역시 7대손인 권정교權正敎의 그림 '송관자지화松館子

之書'가 6기로 꼽힌다.

충재가의 문학에 대해서만 좀 더 살펴보기로 한다. 충재는 물론 그 후손들 중에도 문학에 뛰어난 재주를 가진 이가 많아 문집과 유고를 남긴 이가 90여 명이나 된다. 특히 주옥같은 시 300여 편을 남긴 충재의 증손 권상원權尙遠과 그의 아우 권상명權尙明, 그리고 이른바 28두斗로 불리는 충재의 5대손 '두' 자 항렬의 28인이 필명을 날렸다.

그런데 특이한 것은 월련月蓮이라는 노비가 남긴 문학이다. 서당 개도 삼년이면 풍월을 읊는다는 말이 있듯이 집안의 문학적 분위기가 낮은 신분의 사람들조차 문학적으로 만들었던 것으로 보인다. 월련은 일명 취선翠仙이라고도 하는데, 호는 설죽雪竹이다. 월련은 석천 권래를 모셨던 노비로 상전들이 글공부하는 것을 들어 몰래 익히고 자습하여 문장에 숙달했다. 특히 시문詩文에 뛰어난 소질이 있어 당시 선비들로부터 많은 사랑을 받으며 소양을 쌓았다. 여러 시회詩會에서 그리고 외처에서 지은 시를 암송하기도 했다. 또한 국내 경승지를 순방하면서 시류를 즐겼다. 그가 지은 시 169수가 전하는데, 창설 권두경이 지은 『내성지乃城誌』에 수록되어 있고, 『지봉유설』에도 실려 있다.

또한 문중이 번창하면 자연스럽게 건축 사업을 활발히 벌이게 된다. 충재가에서 저서와 건축을 남긴 인물들을 표로 정리하면 다음과 같다.

이름	자	호	생몰 연도	주요 관직	저술	건축 관련 활동	비고
권벌 權橃	중허 仲虛	충재 冲齋	1478~1548	예조참판, 병조판서, 한성부판윤, 의정부 우찬성, 증영의정	『충재문집』	청암정, 충재	–
권동보 權東輔	운경 震卿	청암 青巖	1518~1591	사섬시직장, 군수	『암천세고 巖泉世稿』	석천정사, 거연헌	권벌의 맏아들
권동미 權東美	자휴 子休	석정 石亭	1525~1585	현감	『암천세고』	송암정	권벌의 둘째 아들
권채 權采	공량 共亮	송암 松巖	1557~1599	현감	『암천세고』	–	권동미의 맏아들
권래 權來	낙이 樂而	석천 石泉	1562~1617	군자감정	『암천세고』	석천정, 한수정	권동미의 둘째 아들, 청암 권동보의 아들이 되어 종손이 됨
권두인 權斗寅	춘경 春卿	하당 荷塘	1643~1719	효릉참봉, 영춘현감	『하당문집 荷塘文集』	석천정사 중수, 별묘	권벌의 5대손
권두응 權斗應	문징 文徵	대졸자 大拙子	1656~1732	–	–	'청하동천 青霞洞天' 각자	권두인의 아우
권두경 權斗經	천장 天章	창설재 蒼雪齋	1654~1725	형조좌랑, 사간원 정언, 홍문관 부수찬	『창설재문집 蒼雪齋文集』, 『퇴계선생언행록 退溪先生言行錄』, 『도산급문제현록 陶山及門諸賢錄』	석천정사 중수	권벌의 5대손 (권두기와 형제, 하당공과 재종형제 사이)

권두기 權斗紀	숙장 叔章	청사 晴沙	1659~1722	예조좌랑, 해운판관, 정언	『청사문집 晴沙文集』	–	권벌의 5대손 (창설공의 셋째 동생)
권두익 權斗翼	익경 翼卿	서설당 瑞雪堂	1651~1725	–	–	서설당	권벌의 5대손
권만 權萬	일보 一甫	강좌 江左	1688~1749	정자, 병조정랑	『강좌문집 江左文集』, 『역설 易說』	한수정 중건	창설공의 조카
권정침 權正枕	자성 子誠	평암 平庵	1710~1767	세자시강원설서	『연설기사 筵設記事』, 『서연강의 書筵講義』, 『중용총론 中庸總論』, 『근사록강의 近思錄講義』, 『사단칠정변 四端七情辨』, 『평암집 平庵集』	–	–
권정교 權正敎	일부 一夫	송관자 松館子	1798~1859	–	–	'권충정공산수구장 權忠定公山水舊庄' 을 씀	대졸자 권두응의 손자
권응도 權應度	백심 伯審	현와 弦窩	1737~1793	참봉	유고 『석천지』 遺稿 『石泉誌』	–	–
권숙 權潚	경순 景淳	–	1846~1895	홍문관 수찬, 단양군수	–	–	–

3. 전통문화 계승의 숨은 공로자, 종손과 종부

1) 종손과 종부의 삶

긴 역사를 가진 종가 뒤에는 대를 이어 그 운영을 주도해 온 종손과 종부들이 있었다. 종손이었던 부친이 작고하여 상을 마치고 그 신위를 사당에 모실 때 사당의 가장 높은 자리에 있던 5대조의 신위는 묘지 앞으로 모셔 가 묻는다. 이렇게 새 신위를 모셔 오고 오래된 신위를 모셔 나가는 제례를 길제吉祭라고 한다. 길제는 바로 종손과 종부의 이·취임식이다.

종가가 개인의 주거에 머무르지 않고 마을 공동체의 공간이듯 종손과 종부도 개인이자 마을, 나아가 문중의 얼굴이다. 그래서 과거에 종손이나 종부가 세상을 뜨면 문중의 친척들이 3년 동안 상복을 입고 고인에 대한 존경과 슬픔을 표현했다. 문중을 대표하는 공인인 종손과 종부는 항상 몸가짐에 신경을 써야 하고 여러 모임에 다니느라 자유롭게 살기가 어렵다.

종손과 종부들은 숙명적으로 봉제사와 접빈객의 고달픈 삶을 타고 태어났다. 그들은 성리학적 전통사회에서 그토록 중시되었던 제례를 주관한다. 종가에서 제례는 가끔 일어나는 행사가 아니다. 4대 봉사를 하니 기일제사만 8회 이상, 묘제 1회, 그리고 설날과 추석의 차례까지 합하면 1년에 모셔야 할 제사가 적어도 11회다. 충재종가에서는 여기에 충재의 불천위 제사가 더해진다. 기제사와 불천위 제사만 한 달에 한 번 꼴이고, 차례 · 시제 등을 합하면 제사는 이미 일상사다. 앞으로 4장에서 살펴보겠지만 제례는 다수의 참여자들이 매우 복잡한 절차에 따라 일사분란하게 진행해야 하는 정교한 의식이다. 제례의 지휘자인 종손과 종부는 일상적으로 제사를 치르다 보니 매우 치밀하게 사람들을 조직하고 이끄는 일이 몸에 밸 수밖에 없다. 따라서 종손과 종부는 자연스럽게 리더십을 갖추게 된다. 우리가 종손과 종부에게서 품위와 카리스마 그리고 친화력을 느끼는 것은 우연이 아니다.

근대기 이후 대부분의 종가에서는 노동력과 경제력이 크게 약화되었다. 이에 따라 종손과 종부는 제례를 비롯해 문중의 일들을 대부분 떠안게 되었다. 관리자와 리더의 역할을 하던 종손과 종부가 실무자의 역할까지 도맡지 않을 수 없게 된 것이다. 책임감과 자존심으로 버티는 데도 한계가 있어 특히 종부들은 대개 건강이 좋지 않다. 현재(2011년) 충재종가의 종손과 종부는 모두 건강이 좋지 않다. 우리 전통문화를 이만큼 유지해 온 것은 전국 많은 종가의 종손과 종부들이 묵묵히 희생해 온 덕이라고 할 수 있는데, 우리 사회는 그들의 공로와 현실적인 고통을 별로 인식하지 못하고 있다.

2) 종손 권종목과 맏아들 권용철

종손 권종목(1943~)은 충재의 18대손이다. 부친은 권정우, 모친은 안동 하회마을 출신의 류한규다. 모친의 종조부(할아버지의 남자 형제)가 봉화군수로 있을 때 중매를 해 신랑이 열여섯, 신부가 열일곱 살에 결혼했다. 이들은 5남 1녀를 두었는데 장남이 현재의 종손이다. 2007년에 부친이 작고하자 장남인 권종목은 명실상부한 가장이자 충재가의 중심인물인 종손이 되었다.

내가 그를 처음 만난 것은 2004년 11월 어느 날로 기억하는데, 그때 한복 두루마기를 차려입은 당당한 그의 모습에서 강직하고 용모가 출중했던 충재의 모습을 연상할 수 있었다. 퇴계 이황은 「충재행장」에서 충재의 풍모를 "공은 모습이 반듯하고 도량이 우뚝하였으며, 풍채가 훌륭하고 활달하셨다. 기국器局이 준엄하고 단정하셨다. 천성이 검소하여 사치하거나 호사하는 일을 좋아하지 않으셨다. 높은 지위에 이르고도 자신을 위해서는 쓸쓸하기가 마치 가난한 선비 같았다"라고 묘사했다.

고향에서 중학교를 졸업하고 고등학교는 서울에서 다닌 종손은 서울에서 직장생활을 하기도 했으나 부친이 계시는 고향을 지키겠다는 생각으로 서울에서의 생활을 정리하고 낙향한다. 그는 봉화군청에서 공무원생활을 하던 중 1971년, 29세에 경주 양동마을 손씨 집안의 딸과 혼인을 해 3형제를 두었다. 2000년 공직생활을 은퇴한 뒤 봉화군의 문화유산 해설사로 활동했고, 4년간 도회장을 역임하기도 했다. 나도 청암정에서 관광객을 모아놓고 설명하거나 박물관을 안내하는 그의 모습을 본 적이 있다. 그는 문중을 넘어 지역사회에 대한 애정을 가지고 있다. 그 자신도 이런 활동에 보람을 느낀다고 한다.

종손 권종목이 가장 큰 부담을 느끼는 것은 역시 제사다. 그는 "충재 할아버지는 나라에서 사액으로 불천위를 받았습니다. 선조 때. 그래서 지금도 십팔 대 조부님이시지만 제사를 올립니다.…… 그러이 쉽게 얘기하면 제사 지내는 기계지요"라고 말한다. 반면, 유림의 행사에 참여해 자신의 존재를 인정받을 때 종손으로서 보람을 느낀다고 한다. 그의 바람은 조상의 소중한 전통을 일반인들에게 널리 알리는 것이다. 그는 종가를 중심으로 유교문화 체험장을 조성하고 한문 교육도 병행해서 전통문화 보급에 기여하고 싶어한다.

종손 권종목의 세 아들 중 맏아들인 권용철은 대학에서 한문학을 전공하고 석사 학위를 받았다. 그는 경북 예천군 용문면 죽림리 예천권씨 초간종가草澗宗家의 딸과 결혼했다. 초간종가 종손 권영기와 충재종가 종손 권종목이 절친한 사이였기 때문에 혼사가 자연스럽게 이루어졌다고 한다. 결혼한 지 1년 만에 분가해 영주에서 거주했다. 그는 독립기념관 학예사로 근무하던 2007년에 다니던 직장을 그만두고 귀향해 부친을 도와 '충재박물관'을 운영하면서 종손 수업을 받고 있다. 2010년 10월 29일 '충재박물관'에서 만난 그는, 문중 자금으로 박물관을 운영해 왔으나 이제 경제적으로 한계에 이르렀다며 깊이 고민하고 있었다. 현재 그의 공식 직함은 '충재박물관' 학예사다. 학예사를 해설사로 오인한 관람객들로부터 이것저것 설명해 달라는 부탁을 받기도 한다.

별도의 직장이 없이 이른 나이에 종가의 전통을 이어 가는 그를 만나 대화를 나누며 나는 대견하다는 생각보다 갈등이나 중압감이 얼마나 클까 하는 안타까운 생각이 들었다. 그의 부모 모두 고향에서 종가의 전통을 이어 가는 그를 안쓰럽게 생각하고 있다. 부친 권종목은 다음과 같이 말한 적이 있다.

"…… 나는 애들한테도 그 얘기 했습니다. 내까지는 이렇게 살았다. 나는 이렇게 살라고 강요는 안 한다. 강요는 안 하는데, 그 대신 이게 강요하는 거보다 더 무서운 거라. 강요는 안 하는데 어떻게 하겠느냐? 그래도 이어져 가는 것이 맞지 않겠느냐? 그런 식으로 늘 어릴 때도 얘기는 했어요.…… 내가 늘 자식한테 미안한 감으로 내 때문에 저거 뭐 날개 부러진 새 아니냐?…… ”

경상도지역의 종가들은 종가를 문화관광 등에 활용하는 데 대해 대체로 보수적이고 소극적인 입장을 취한다. 이와 달리 충재종가의 종손은 가문의 유산이 가진 현대적 활용의 잠재력을 충분히 인식하고 있으며 비교적 개방적이고 적극적으로 종가의 전통문화를 현대사회에 알리고 활용하려는 노력을 해 왔다. 다만 그는 그러한 생각을 실현할 수 있는 적절한 지원이 없는 것을 안타까워하며 다음과 같이 말한다. 그의 이야기를 들으면, 그가 종가의 문화유산을 현대적으로 바람직하게 활용하기 위해 필요한 조건을 정확히 파악하고 있음을 알 수 있다.

“나는 내가 여기에서 이걸 전통적으로 이어 나가고 싶고 또 우리 문화도 교육을 시키고 싶은데, 실제적으로 교육관하고 숙소하고 체험장이 없어. 그러이 지금 그것만 내가 하나 마련이 됐으면 내가 여기서 그걸 열심히 이끌어 나가고 우리 문화를 보급하고 싶은데, 그게 뒷받침이 안 되니까. 이게 힘만 있으면 뭐 되던데, 그러이 그게 힘이 없어 가지고 그 지원을 못 받으니까 어려워요. 내 꿈이 그겁니다. 내가 언젠가는 그걸 한번 이루어 가지고, 이런 걸 우리 국민한테도 교육도 될 수 있고, 또 각 사학과나 이런 데서 우리 여기 지금 하드웨어는 잘 돼 있습니다. 여기 우리

집을 중심으로 일 키로 이내에, 서원, 재사, 정자, 추원재 전부 일 키로 이내에 있습니다. 아마 그런 데가 잘 없을 거예요. 그렇게 해 가지고 하는데 지금 단지 그 교육 시설이 없으니까, 인젠 현대화된 교육 시설이 있어야 되는데 그 자고 뭐 한문 숙식당하고 고런 게 내가 꿈입니다."

닭실마을과 충재박물관은 문화체육관광부가 시행한 '2007년 대한민국 공간문화대상' 에서 보존과 활용을 통해 문화자원으로 만든 장소를 대상으로 수여하는 '우리사랑상' 을 받았다. 충재 종가의 종손 부자가 전통문화의 전승을 위해 기울이고 있는 노력이 이런 평가에 크게 기여한 것으로 보인다. 어려운 여건에서도 전통문화의 올바른 이해와 전승을 위해 애쓰는 이런 종손의 노력과 희생에 우리 사회가 관심과 지원을 아끼지 않았으면 한다.

3) 종부 손숙

종가의 맏며느리인 종부는 집안의 대를 잇고 가문을 지키며 종가의 전통을 이어 온 주체다. 그래서 종부는 누구보다도 가문의 존경을 받는다. 그러나 종부의 삶은 고단하기 이를 데 없다. 엄격한 집안의 맏며느리 역할만도 만만치 않다. 그것은 가부장적 가족제도 아래서 모든 여성이 겪는 어쩔 수 없는 일이라 해도, 쉴 새 없이 이어지는 문중의 제사와 손님 접대를 책임지는 일은 엄

청난 정신적 · 육체적 부담이다. 충재종가의 종부도 마찬가지다. 게다가 이미 유명해진 닭실 유과를 생산하는 일까지 있어서 어느 종가보다도 충재종가의 종부는 책임감이 무겁고 할 일도 많다.

충재종가의 종부 손숙(1945~)은 유가儒家의 가풍을 가진 경주 손씨 주손집의 1남 2녀 중 맏딸로 27세 때(1971) 종손과 결혼했다. 종가로 시집오는 것을 부친은 자랑스럽게 생각했지만 모친은 싫어했다고 한다. 이 이야기에서 종손과 종부의 입장 차이를 살짝 엿볼 수 있다.

손숙이 여러 사람들과 대화하는 가운데 내비친 속내에서 시집살이가 본인이 예상했던 것보다 만만치 않았음을 엿볼 수 있다. 그는 원칙을 지키는 윗사람을 모시는 아랫사람의 고달픔을 체험으로 이해하고 있는 듯하다. 이 새댁의 시어머니, 곧 노종부 류한규(1921~)는 현재 와병 중이어서 내가 직접 만날 수는 없었는데, 그를 만나본 사람들의 평가와 아들인 종손 권종목의 평가가 모두 일치한다. 한마디로 '전형적인 조선시대의 여인'이라는 것이다. 노종부는 평생 비녀를 빼 본 일이 없고 한복을 벗어 본 일이 없다고 한다. 어려운 종부의 과업을 충실히 수행하는 과정에서 그런 이미지를 얻게 되었을 것이다.

종부가 시집온 1971년만 해도 일하는 사람들이 있었다. 행랑채와 재궁에 살던 그들은 제사 때가 되면 다 모여 일을 해 주었다. 1970년대 후반에 많은 문중 사람들이 대도시로 떠났다. 그간 나누어 하던 일을 종부가 홀로 감당할 수밖에 없는 상황이 되었다. 지금은 부녀회원들이 같이 일을 하기도 하지만 예전 같지 못하다.

종가의 힘과 종부의 일은 반비례한다. 과거 노동력이 풍부할 때는 제사 준비를 할 때 종부가 시간이 오래 걸리고 책임감이 필요한 일, 예를 들면 편(떡)을 괴어 높이 쌓는 일을 했다. 그러나 지금은 오래 앉아서 편을 괼 입장이 못 되어 경험 있는 다른 할머니가 담당한다. 근래에는 재실인 추원재에 거주하면서 시제 준비를 담당할 사람을 구하기도 어려워졌다. 그래서 추원재에 보관되어 있던 제기도 모두 종가로 옮겼다. 시제 음식까지도 종부가 맡아야 할 실정이 되었다.

종부 손숙은 현재 투병 중이다. 노동력과 경제력이 축소되는 종가에서 고투를 벌였기 때문에 60대, 요즘으로는 이른 나이에 병을 얻었다. 병이 나기 전까지는 문중의 대소사를 챙기고, 닭실 유과 만드는 일의 총무를 맡아 마을 부녀회활동도 주도했다. 남편인 종손 권종목은 안타까운 마음을 다음과 같이 표현한다.

"…… 큰 종갓집엔 일이 한없이 많습니다. 그걸 걸 하다 보니까, 이 양반이 자기 몸을 생각하고 좀 사렸으면 될 건데, 그걸 안 챙기다 보니까 저렇게 다 망가져 가지고…… "

시간이 흘러 원칙주의자인 윗사람을 모시는 고달픔을 겪은 아랫사람이 윗사람이 되었을 때 그 또한 이미 원칙주의자가 되어 고통을 대물림하는 경향이 있다. 그럼 종부 손숙도 이미 깐깐한 원칙주의자가 되어 있을까? 2010년 8월 11일 경북대 영남문화연구원과의 인터뷰를 통해 요즘 젊은이들에게 당부한 손숙의 다음과 같은 이야기를 듣고 우리 각자가 판단해 보자.

"응. 요새 눈 선 거 많애. 나는 아주 옛날 사람도 아이고 사십오 년생인데. 보면 좀 자기 본분을 지켜 줘야 되는데. 이 동네에도 보면, 사람이 어느 어느 곳에서 왔다 카면 그 사람이 행동하고 그 처신이 다른데, 요즘은 그런 것도 없어. 그중에 우리 며느리 봤는 거 보면…… 뽑아 온 거지. 남 이목도 안 살피고, 요즘은 돈 세상이고, 자기 그거만 챙기고. 여기도 노인회관 가 보면 유가방 같은 데 가 보면, 이런 말할 건 아닌데 노인들을 우습게 알고 자기만 대단코.…… 내가 유가방에 총무를 좀 해 왔잖아. 근데 요즘 젊은 사람들이 일이 없어 받아가 하는데 노인들이 꼴불견이라 케. 사람들을 우습게 보고, 그러니 요즘 세월이 낭패라. 어디 나무랄 수가 없어. 이기주의만 다 있고, 남을 배려해 주는 마음은 없고. 다 내 똑똑고 내 동네가 큰일이다. 내 이런 소리하면 안 되는데……"

7
4
3
1
6
2
5

제4장 제례, 공동체와 음식문화를 이루다

1. 제례, 공동체 결속의 촉매

1) 너무 잦아 일상이 된 제사

여느 종가처럼 충재종가에도 제사가 많다. 고조부모부터 증조부모, 조부모, 부모에 이르는 4대를 모시는 기제사는 연 10회, 불천위 제사는 2회다. 차례 혹은 차사茶祀는 설날, 추석(사당 제사), 한식(충재 묘소 제사) 등 3회다. 그 밖에도 음력 10월 10일에 충재부터 18대에 걸친 40여 분의 전 조상의 묘에 제사를 지낸다.

충재 사후 43년 만인 1591년(선조 24), 선조는 조선 왕실의 종계변무宗系辨誣에 공을 세운 신하들을 광국원종공신光國原從功臣으로 책봉한다. 이때 충재는 광국원종공신 1등에 녹훈錄勳(훈공을 장부에 기록함)되었다. 그리고 신주를 옮기지 않고 계속 제사를 지내도록 나라에서 인정한 국불천위國不遷位가 되었다. 국불천위는 국가에 큰 공헌을 한 공신이나 절의가 뛰어난 충신, 그리고 문묘에 배향된 학자를 대상으로 국가가 내린 불천위로, 가문의 큰 영광이자 자랑거리였다.

제사의 종류에 따라 그 장소와 형식, 그리고 제사 음식, 곧 제수祭需가 달라진다. 충재의 불천위 제사의 날짜는 음력 3월 26일이며, 제사를 지내는 장소는 사당 경내에 별도로 마련된 제청祭廳인 갱장각이다. 과거에는 제관이 200~300명에 이르렀으나 요즘은 50여 명이다. 제사는 기일 0시에 시작한다.

기제사는 해당하는 조상의 신주를 사당에서 안채 대청으로 모셔 와 지낸다. 설날이나 추석 때의 차례는 모든 조상에게 합동으로 지내므로 사당에서 지낸다. 차례는 좀 간소하고 융통성이 있다. 차례에는 축문이 없다. 음식도 가짓수와 양을 줄인다. 기제사와 달리 술도 석 잔이 아니라 한 잔을 올린다. 과거에는 추석에 햇곡식을 수확하지 못하면 음력 9월 9일 중구절에 추석 차례를 지내기도 했다. 예전에 경상도지방에서는 추석 때 철이 일러 햇곡식으로 제수를 장만할 수 없어 대부분 추석 대신에 중구 차례를 지냈지만, 현재는 추석 차례가 보편화되었다.

충재종가로 비롯된 닭실마을은 안동권씨의 씨족마을이다. 씨족마을은 혈연 공동체이자 지연 공동체로, 종가는 이런 이중의 공동체에서 중심 역할을 했다. 종가는 지역사회에서 상부상조의 미덕을 실천하는 구심점이었다. 씨족마을에서 문중의 제사는 부담스런 의례라기보다 각별한 사회적 의미를 갖는 공동체활동이다. 마을을 견고한 공동체로 유지하는 데 촉매 역할을 한 것은 바로 일 년에 16번 지내는 제사였다.

그러나 오늘날 종손들조차도 제례가 언제까지 전통적인 방식으로 유지될지에 대해서는 회의적이다. 충재종가의 종손 권종목도 마찬가지다. 그와 대화하면서 나는 종손에게도 제사는 커다란 굴레임을 감지할 수 있었다. 그는 다만 충재의 불천위 제사만은 본래의 의례대로 자손 대에서도 유지되기를 바란다. 그것은 가문의 영광이요 상징이자 전통문화의 중요한 요소 가운데 하나라고 믿기 때문이다. 그럼 충재 불천위 제사의 과정과 절차를 자세히 알아보자.

2) 제례의 과정과 절차

세분되고 복잡한 과정으로 이루어지는 제례는 여러 명의 참여자가 상세하게 업무를 나누어 담당하고 일사분란하게 협동해야 원만히 치를 수 있는 정교한 의식이다. 제례의 과정과 절차는 16세기 이후 『주자가례』를 바탕으로 격식화되었다. 그러나 가문의 상황이나 해석, 그리고 시대의 변천에 따라 조금씩 다른 부분들도 있다. 충재종가에서 가장 격식을 갖추어 진행하는 제례는 다음과 같은 순서로 이루어지는 불천위 제사다.

(1) 제사 준비

제수를 맡아서 준비하는 유사와 종손이 함께 봉화읍내장에서 제수를 하나하나 가려서 가장 좋은 것으로 마련한다. 제수가 마련되면 유사가 일차 점검하고, 기일 전날인 입재일入齋日 오후에 종손이 혹 빠진 것은 없는지 확인한다.

입재일이 되면 원근에서 제관들이 속속 도착한다. 오는 대로 시도록時到錄을 작성해 집사분정執事分定한다. 이는 제사를 진행하는 데 부문별로 담당할 사람을 정하는 일인데, 협의를 통해 결정하되 최종 결정권은 종손에게 있다. 차례로 잔을 올리는 초헌관, 아헌관, 종헌관을 먼저 정하고 이어서 축을 읽는 축관, 예를 맡아서 진행하며 홀기笏記(의식의 진행 순서를 적은 기록)를 읽는 집례를 정한다. 초헌은 당연히 종손이 맡고, 아헌과 종헌은 항렬, 연령, 계파를 고려해 선정하거나 외빈 중에서 선정한다. 충재종가에서 기제사 때는 종부가 아헌을 한다. 그리고 사당에서 신주를 모셔 올 때 출주고사를 읽는 독고사讀告辭, 신주를 넣은 궤인 주독主櫝을 모셔 오고 원위치시키는 봉위판奉位版을 정하고, 그 밖에 제사의 본 절차를 돕는 담당자들을 정한다.

제물을 제상에 차리는 진설陳設, 향을 담당하는 봉향奉香, 향로를 담당하는 봉로奉爐, 헌관으로부터 잔을 받아 전작奠爵에게 전달하는 봉작奉爵, 헌관의 잔을 받아 신위 앞에 올리는 전작, 잔을 따르는 사준司罇 등을 정한다. 마지막으로 제수의 준비를 맡은 제물유사祭物有司를 집사분정기에 적는다. 이것을 한지에 먹으로 써서 제청과 본채 사이의 마당에 게시해 참례자들이 볼 수 있도록 한다.

(2) 제청 마련

입재일 오전에 종손은 종택과 사당을 두루 청소하고 갱장각에 제청을 준비한다. 제청에 먼저 병풍을 치는데, 이때 사용하는 병풍은 아무 것도 쓰여 있지 않은 백병풍이다. 제상은 가로 143㎝, 세로 113㎝, 높이 90㎝ 정도의 고족상이며, 여기에 촉대를 놓고 그 앞에 배석을 깔고 그 위에 향안을 놓는다. 향안 위에 향로를 얹고 향안의 옆에 주가를 놓고 그 위에 퇴주 그릇을 올리는데, 퇴주 그릇에는 모래를 깨끗이 씻어서 담아 모사기의 역할을 하게 한다. 그 옆에 신에게 올릴 잔반(술잔과 받침)을 준비하는데, 충재종가에서는 헌작 때마다 별도의 잔반을 올리기 때문에 잔반이 세 개 준비되어 있다. 관세위는 제청의 오른쪽 모서리에 두고 제관이 손을 씻을 수 있게 준비한다.

(3) 진설

입재일 자정이 지나면 낮에 안채에서 준비해 둔 제수를 제청으로 옮겨 제사를 준비한다. 집례가 홀기를 읽고 집사자에게 진설하라고 하면 그때부터 제사가 시작된다.

집례가 자리를 잡으라는 홀기를 읽으면, 종손을 비롯한 헌관들이 맨 앞줄에 서고, 집례와 축관 등 집사자들은 소임에 따라 자신의 위치에 선다. 의관을 정제한 다른 참사자들은 헌관의 뒤쪽에 도열해 서는데, 연장자들은 제청의 앞쪽에 서고 연소자들은 뒤쪽에 선다.

이어서 소과蔬果(나물과 과일)를 진설하라는 홀기를 읽으면, 촛불을 든 봉촉을 선두로 봉향과 봉로가 뒤따른다. 이어서 진설을 담당하는 집사들이 준비해 둔 제물을 소반에 담아 제청으로 옮겨 차례대로 제상에 올린다. 이때 더운 음식은 올리지 않고 제상의 앞쪽에 두며, 나물과 과일만 진설한다.

(4) 출주

진설을 마치면 사당에 가서 신주를 모셔 오는 출주出主의식을 진행한다. 봉촉 집사가 앞장서서 촛불을 밝히고 출주고사문을 읽는 독고사와 위판을 모시는 봉위판 집사가 뒤따른다. 내삼문의 동문과 사당의 중문(가운데 칸에 있는 문)으로 들어간다. 맨 왼쪽에 있는 감실 앞 제상 위에 촛대를 놓고 감실 문을 연다. 집사들이 함께 절을 한 후 꿇어앉으면 독고사가 '기일을 맞이하여 제청으로 신주를 모셔가겠다'는 내용의 고사를 읽는다.

고사 읽기를 마치면 집사자는 주독의 문을 열고, 왼쪽에 모셔져 있는 충재의 신주를 별도로 준비한 공독空櫝에 모시고 가슴에 안고 사당을 나온다. 충재종가에서는 예법 책에 따라 기일을 맞은 한 분만 모시는 단설單設로 기제사를 지내기 때문에 충재의 신주만 모셔 오고 부인 화순최씨의 신주는 그대로 둔다. 감실문을 닫고 신주를 모신 봉위판 집사는 사당의 중문으로 나오며, 종손은 동문으로, 나머지 집사들은 서문으로 나온다. 봉촉 집사가 앞장서고 봉위판 집사가 뒤를 따르며 독고사가 맨 뒤로 따라 나와서 내삼문의 동문을 거쳐 제청의 제상 뒤에 있는 교의交椅라 부르는 탁자에 주독을 모시고 독을 연다.

(5) 참신례와 강신례

신주를 모시고 와서 신령이 제청에 임하였으므로 종손 이하 모든 제관들이 신에게 인사하는 참신參神 재배를 한다. 이어서 하늘과 땅에서 조상의 혼백을 인도해 강림하게 하는 강신례降神禮를 진행한다. 향을 피워 하늘에 있는 혼魂을 부르고 술을 모사茅沙(모

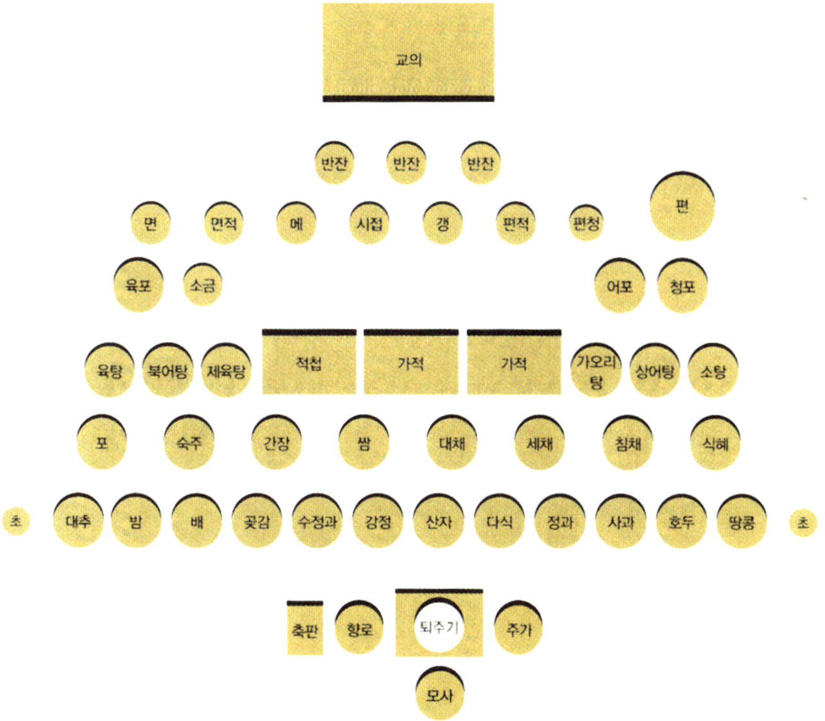

충재종가 불천위 제사 진설도

(출처: 국립문화재연구소 편, 『종가의 제례와 음식 8-안동권씨 충재 권벌 종가, 풍산류씨 서애 류성룡 종가』, 월인, 2005, 46쪽)

래에 띠[풀]를 꽂은 것)에 부어 땅 속에 있는 백魄을 불러 정신과 육신, 곧 혼백을 합치시키는 의식이다.

참신 재배를 마치면 종손은 향안으로 나아가 꿇어앉는다. 좌우에서 향로와 향합을 종손에게 올리면, 종손은 세 번 향을 피우고 물러나 꿇어앉아 대기한다. 집안에 따라서는 분향 후에 재배하기도 하나 충재종가에서는 분향 후 재배하지 않고 물러나 대기하며, 이어서 집사자가 잔반을 종손에게 주고 술을 따른 후에 종손이 모사에 세 번 나누어 붓는 뇌주례가 이어진다. 뇌주 이후에 비로소 강신 재배를 하고 주인이 제자리로 돌아가면 상 앞에 두었던 음식을 제상에 진찬進饌한다. 조상신이 강림했으므로 더운 음식을 올리는 것이다.

먼저 탕을 올리고, 이어서 육포와 어포를 올리며, 면과 편을 올린 후에 메와 갱을 올린다. 탕은 육탕과 어탕을 그때그때 알맞게 쓰며, 도적을 제외한 모든 음식을 이때 진설한다.

(6) 초헌례

종손이 신에게 첫 잔을 올리는 순서다. 초헌관은 종손이 맡아서 하며 일반적으로 잔을 올리는 헌작獻爵, 올렸던 잔을 모사에 조금씩 세 번 붓는 제주祭酒, 적첩을 올리는 진적進炙, 독축讀祝, 재배再拜의 순으로 진행된다. 충재종가에서는 적첩을 가로 25㎝, 세로 31㎝, 높이 10㎝인 적틀에 담아 괴어서 올린다. 북어, 상어, 방어, 가오리, 돼지고기, 소고기 등이 올라가고 맨 위에 닭을 올린다. 이때 닭의 배는 위로 향하도록 한다.

이어서 메 뚜껑을 열고, 나머지 뚜껑이 있는 그릇의 모든 뚜껑도 연다. 음식이 제대로 준비되었기에 이제 신이 와서 흠향하

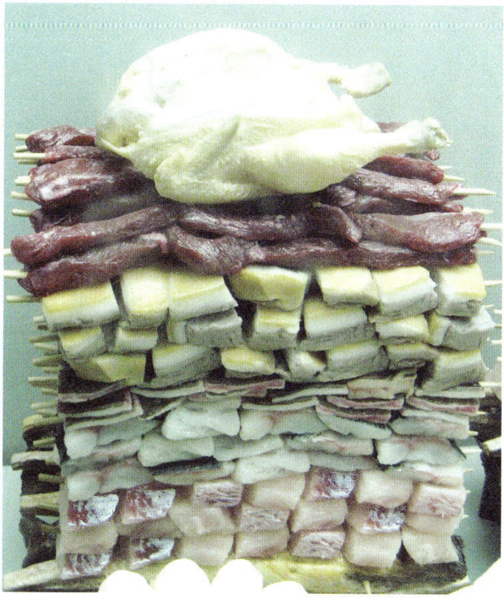

적첩. 충재박물관에 모형이 전시되고 있다.(출처: 영남문화연구원)

라는 내용의 축문을 읽는다. 축관이 축문을 읽을 동안 주인과 제관은 모두 엎드린다. 축관이 축문 읽기를 마치면 종손은 일어나 두 번 절하고 제자리로 돌아간다.

(7) 아헌례와 종헌례

두 번째와 세 번째 잔을 올리는 의식이다. 잔을 올리고 내리는 절차는 초헌과 동일하다. 술잔은 다른 것을 사용한다. 다만 축문 낭독이 없고 잔을 올린 후에 가적을 올린다. 가적은 적첩과 동일한 재료를 사용하는데, 다만 북어를 4켜에서 2켜로 줄이고 닭고기를 올리지 않는 것이 적첩과 다르다. 이미 올려놓았던 적첩과 잔반은 내리지 않고 그대로 둔다. 가적을 올리고 헌관은 두 번 절한 뒤 제자리로 돌아온다. 종헌도 같은 절차를 거친다.

(8) 유식과 합문, 계문, 진다

유식侑食은 신에게 음식을 권하는 절차다. 술을 조금 더 드시라는 의미에서 첨작하고, 식사하시라는 의미에서 숟가락을 밥에 꽂는 삽시정저揷匙正箸를 한다. 첨작의 절차와 도구는 집안마다 조금씩 다르다. 충재종가에서는 종손이 메 뚜껑에 술을 받아 집사자에게 주면 집사자가 초헌, 아헌, 종헌 때 올린 잔마다 세 번씩 나누어 첨작한다. 이어서 집사자가 숟가락을 앞부분이 동쪽으로 가도록 하여 밥그릇에 꽂고, 젓가락은 시접(수저를 담는 그릇) 위에 가지런히 놓는다. 첨작과 삽시정저가 끝나면 종손은 신위 앞에 나아가 두 번 절한다.

합문闔門은 유식 후 신이 조용히 식사하시도록 배려하는 것이다. 충재종가에서는 독특하게도 제청의 문을 닫고 나가는 대신에 별도의 병풍으로 제상 앞을 가리고 참사자들이 모두 엎드리는 것으로 합문을 한다.

축관이 신이 식사를 마쳤음을 알리는 세 번의 헛기침 소리를 내면 참사자들이 일어난다. 신이 식사를 마치면 제청 문을 여는 계문啓門 의식을 하는데 충재종가에서는 병풍을 걷는 것으로 대신한다.

식사 후 차를 올리는 절차가 진다進茶인데 우리나라에서는 통상 숭늉을 올린다. 집사자가 국그릇을 내린 후에 맑은 물을 올리고 나서 거기에 밥을 세 번 떠서 말고, 숟가락을 그 그릇에 걸쳐 놓는다. 참사자들은 신이 숭늉을 드시는 동안에 잠시 몸을 굽혔다가 바로 선다.

이제 식사를 마쳤으므로 숭늉 위에 있던 숟가락을 내려 시접에 놓는다. 이어서 종손은 동쪽에서 서쪽을 향해 서고 축관은 서쪽에서 동쪽을 향해 서서 마주보고 '이성利成' 이라고 고한다. 봉양함(利)을 마쳤다(成)는 뜻이다.

(9) 사신

사신辭神은 제사를 마쳤으므로 신을 보내 드리는 절차다. 참사자 전원이 신주를 향해 두 번 절한다. 이어서 축관은 축문을 태우고, 집사자들은 제물을 종류별로 소반에 담아 안채로 옮긴다. 제사가 끝났으므로 신주를 다시 사당에 봉안하는데, 봉위판 집사가 신주를 다시 공독에 모시고 내삼문의 동문을 지나 사당의 중문으로 들어가 감실의 원래 주독에 안치한다. 집사자들은 사당의 서문으로 나오고, 종손은 동문으로 나와 음복하는 것으로 제례는 모두 마무리된다.

3) 마을 사람들과 함께한 종가의 삶

사람들이 친해지는 계기는 같이 먹는 것이다. 동양의 잔치나 서양의 파티가 그래서 중요한 사회적 활동이다. 우리나라에는 '소문난 잔치에 먹을 것 없다' 는 얘기가 있는데 그만큼 잔치에서는 먹을 것을 기대한다는 말이다. 문중의 일가들이 거주하는 마을에서는 종가에서 치러지는 제사를 중심으로 공동체적인 협동이 이루어지고 제사 뒤에 마을 사람들은 함께 음복을 했다.

음식을 만드는 여성들은 제사 음식을 준비하는 노동을 함께 하며 강한 공동체 의식을 느꼈다. 이것이 오늘날 닭실마을 부녀회에서 유과를 생산하는 원동력이다. 일주일 이상 복잡한 공정을 거쳐야 만들 수 있는 닭실 유과는 한 가족의 가내 노동으로는 만들 수 없기 때문에 공동체의 협동 작업을 필요로 한다.

남성들도 제사 준비에 바쁘다. 충재종가에서 제수 장보기는 예상과 달리 남성이 담당한다. 종손은 목욕재계하고 유사와 함께 봉화읍내장에서 장을 본다. 그리고 제사 공간을 청소하고 제사용 물품들을 배열하고, 여성들이 준비한 음식을 진설하는 일도 남성들이 담당한다. 워낙 음식을 높이 쌓기 때문에 균형 감각과 경험이 필요하다. 제사 중에 음식이 무너져 내리면 낭패기 때문에 탑을 쌓듯 조심스럽게 음식을 쌓는다. 이 밖에도 집사분정에 따라 여러 명의 남성들이 각자 담당하는 일이 있는데 이를 일사분란하게 진행해야 제사가 원만히 이루어진다.

충재종가의 제례는 혈연으로 얽혀 있는 마을 사람들이 공동으로 행하는 의식이자 행사다. 추석 차례는 음력 8월 보름날 정오경에 종가 사당에서 지낸다. 이렇게 좀 늦은 시간에 지내는 것은 사람들이 각기 속한 지파별로 오전에 지내고 마지막으로 종가에 모여 불천위께 절을 올리기 때문이다.

오늘날까지 종가를 중심으로 혈연 공동체가 유지되는 것도 제사라는 고리가 있기 때문이다. 특히 매년 음력 10월 10일에 지내는 충재와 청암 권동보의 묘제에는 여전히 100명이 넘는 후손들이 참여한다. 서울에 사는 후손들도 버스를 대절해 참례한다. 그래서 제사 시간도 여유 있게 정오로 정해 두었다. 과거에는 묘제에 여성들이 참여하지 못했으나 이미 옛날 이야기다. 묘제는 남녀노소가 어울려 공동체를 확인하는 한바탕의 축제다.

종가의 공간은 마을 공동체의 구성원들이 같이 공부하고 의례를 치르는 장소로 사용되었다. 종가 가족이 풍류를 즐기는 데만 사용했을 법한 정자인 청암정에서, 심지어 입향조인 충재의 불천위 제사를 모시는 갱장각에서도 마을 사람들은 공동 활동으로 야학을 열었다. 마을 사람들의 결혼식은 청암정을 이용하기도 했다. 공부와 의례는 모두 마음으로 하는 일이다. 마을 사람들은 같은 공간에서 공부하고 성장하였으며 같은 공간에서 의례를 행함으로써 공동체 의식을 유지해 갈 수 있었다.

2. 예술이 된 음식

1) 좋은 음식은 자연에서 만들어진다

종가는 예와 정성이 가득 담긴 지역 음식문화의 산실이다. 음식에 종가, 나아가서는 지역의 전통과 특성이 담겨 있기에 종가음식은 하나의 문화다. 지역에서 나는 신선한 제철 농산물을 사용하는 것은 종가음식의 큰 장점이다.

제철 자연 재료로 만든 음식의 중요성은 이제 전 세계적으로 인정되고 있다. 최근 슬로푸드(slow food)가 전 세계 사람들의 관심을 모으고 있다. 패스트푸드의 반대말인 슬로푸드는 맛의 표준화와 전 지구적 미각의 동질화를 지양하고, 지역 특성에 맞는 전통적이고 다양한 식생활문화를 추구하는 운동 또는 그 식품 자체를 가리키는 말이다. 국립학교의 가공식품 사용을 반대하는 캠페인을 진행한 것으로 유명한 영국의 요리사 제이미 올리버(Jamie Oliver)는 "음식은 주방이 아니라 자연에서 만들어진다"라고 말한다. 세계 최고 권위의 식당 · 여행 안내서인 『미슐랭 가이드』(*Michelin Guide*)에서는 심지어 식당에서 텃밭을 직접 가꾼다는 이유로 만점인 별 3개를 주기도 한다.

최근 웰빙에 대한 관심이 고조되면서 종가음식에 대한 대중의 관심도 커지고 있다. 종가음식은 대표적인 슬로푸드다. 근래에 전 세계적으로 관광의 큰 흐름을 이루고 있는 문화관광에서는 지역의 음식을 빼놓을 수가 없다. 근대기 이후 많은 음식들이 획일화되고 인공화 된 오늘날, 종가음식은 지역의 특색을 담은 자연 음식으로서 큰 가치를 갖는다.

종가에서는 평소 소박한 식생활을 하나, 제례와 접빈객接賓客을 위해서는 예를 갖추어 정성스럽게 최고의 음식을 준비한다. 따라서 의례와 손님 접대는 종가에서 음식문화를 발달시킨 매우 중요한 요인이다.

또한 가문마다 독특한 손님상이 전해 내려오며 집에서 담근 술, 가양주家釀酒가 존재했다. 큰 가문에서는 제사 지낼 때 쓰기 위해 나름대로 술을 빚어 과거에는 수많은 전통 술이 있었다. 서유구徐有榘(1764~1845)가 19세기 초에 쓴 『임원경제지林園經濟志』를 보면 170여 가지의 술 이름이 나온다. 충재종가에서도 과거에는 국화를 넣어 만든 청주를 제사 때 사용했다. 그러나 밀주 단속 때문에 1970년대부터 청주를 빚지 않고 시중에서 파는 술을 구입해서 사용한다.

일제강점기에 대규모 양조업체가 생기고 밀주 단속을 벌이기 시작해 그 많던 전통주들이 자취를 감추기 시작했다. 이런 제약은 해방 후에도 계속되어서 1960년대 중반에 '순곡주 제조 금지령' 이 내려진다. 결국 전통주는 거의 사라졌다. 현재 몇몇 대형 양조회사에서 전통주를 상품화한 것들이 있지만 그것들은 예외 없이 본래의 맛을 잃었다. 진정한 맛은 소비자의 입맛에 아부하는 상업성으로 지켜낼 수 없는 것인가 보다.

종가음식은 가문의 전통과 그 전통을 전승하는 주체인 종부의 솜씨 그리고 지역의 특산물이 어우러져 다양하게 형성되어 왔다. 충재종가에서 종부들이 대대로 고집스럽게 지키고 발전시켜온 음식에는 어떤 것들이 있을까? 충재종가의 종부들이 개발하고 지켜온 손맛에는 어떤 특성과 의미가 있을까?

2) 제사가 낳은 음식문화

종가음식은 궁중음식, 사찰음식과 함께 우리 음식문화를 대표한다. 그것은 각 지방 종갓집의 관혼상제를 위한 상차림이다.

혼례가 있는 날에는 맏며느리 큰상내리기 등의 행사가 진행된다. 맏며느리에게 내리는 큰상은 시댁에 처음 와서 위축되었을 며느리의 마음을 달래 주는 정이 내포되어 있다. 또한 종가를 방문한 손님에게는 항상 정성을 담은 음식을 대접했다.

종가음식의 종류는 식사, 관혼상제, 손님 접대 등 목적에 따라 다양하다. 음식을 위한 천연 조미료 또한 다양하며 음식에 곁들여지는 술까지 더하면 매우 방대한 콘텐츠가 된다.

충재종가에는 4대조까지의 기제사와 불천위 제사만 해도 일 년에 12번이다. 그 밖에도 명절의 차례와 가을에 산소에서 지내는 시제가 있다. 일 년에 두 번 충재 부부에게 지내는 불천위 제사 때는 참관자가 100명이 넘을 때도 있어 식사 대접만도 큰일이다. 종가에서 제사는 사실상 일상이다.

종가음식의 전승 주체는 종부다. 조리를 해야 한다든지 익혀야 하는 것들은 종부의 지휘 아래 여성들이 준비를 하고, 남성들은 도적을 괴거나 과일을 쌓는 일을 맡아 한다.

제사는 음식이 발달하는 큰 계기였다. 제사 음식은 지방마다 가문마다 다르다. 그래서 '남의 제사에 감 놔라 대추 놔라' 라는 속담이 생겼다. 충재종가에서는 시루떡을 쓰지 않고 동곳떡이라는 독특한 떡을 제상에 올린다. 또한 차례상에는 김을 올린다. 갖가지 적에는 생고기를 쓴다. 특별한 이유는 알 수 없으나 윗대부터 그렇게 해 왔다고 한다.

3) 동곳떡이라는 예술 작품

불천위 제사상의 중심 제물인 편, 곧 떡은 아랫부분의 본편과 윗부분의 웃기떡으로 이루어진다. 충재종가에서는 특이하게도 본편으로 시루떡을 놓지 않는다. 그 대신 동곳떡이라고 부르는 독특한 모양의 작은 절편을 쓴다. 상투를 튼 다음에 풀어지지 않도록 위에 꽂는 장식인 동곳과 비슷하다고 해서 동곳떡이라는 이름이 붙었다.

동곳떡은 절편을 반으로 접고 비벼서 동곳처럼 만드는데, 10여 명의 집안 할머니들이 하루 종일 걸려 완성한다. 동곳떡은 각각 최소 4명으로 된 두 팀이 만든다. 한 팀은 절편을 물에 발라 가며 지름 1㎝, 길이 5㎝ 정도가 되도록 떼어 둔다. 또 한 팀은 그것을 비벼서 올챙이처럼 머리가 굵고 꼬리가 가늘게 만든다.

동곳떡은 쌓기가 쉽지 않고 무너지면 책임이 뒤따르므로 종부나 경험 많은 할머니가 쌓는 것을 담당한다. 굵은 머리 부분은 바깥쪽으로 향하고 가는 꼬리 부분은 안쪽으로 향하도록 둥글게 쌓아 올린다. 예전에는 본편을 25켜(부인 제사 때는 23켜)로 쌓았다. 40켜 이상 쌓을 때도 있었다 한다. 지금은 높이가 많이 줄었는데 그 이유가 재미있다. 과거에는 집에서 떡을 쳐서 만들었으나 요즘은 방앗간에서 떡을 만든다. 그런데 방앗간 떡은 끈기가 부족해서 미끄러지므로 높이 쌓을 수 없다는 것이다. 역시 기계가 만

충재 불천위 제사의 편. 동곳떡의 본편 위에 11가지의 웃기떡을 쌓았다. (출처: 영남문화연구원)

드는 것은 상품이고 사람 손이 만드는 것은 예술품인가 보다.

동곳떡으로 만든 본편 위에 쑥과 멥쌀로 만든 청절편, 밀면서 빚는다는 밀비지, 찹쌀가루로 동그랗게 빚어 익혀 볶은 콩가루를 묻힌 경단, 소나무 속껍질인 송기松肌로 만든 송기송편, 카스텔라 고물을 묻힌 쑥단자, 2가닥의 대추를 얹은 부편, 대추채에 굴린 잡과편, 전, 둥글고 납작하게 지져 설탕을 뿌린 산심, 송편 모양으로 구운 조악(혹은 조약), 흑임자(검은깨)로 만든 깨구리 등

11가지의 웃기떡을 쌓아 완성한다. 이 11가지의 떡을 한 단씩 쌓으면 20㎝가 넘는다. 아래의 동곳떡을 25켜로 쌓으면 그것만 40㎝를 넘는다. 두 부분을 합하면 60㎝ 이상이 되어 작은 탑이 만들어진다. 편을 괴는 일이 끝나면 비닐을 한 겹 두른 후 베 보자기로 둘러 제사가 시작될 때까지 대청 기둥에 묶어 두어 쓰러지지 않도록 한다.

이렇게 본편 위에 웃기떡을 올리는 형태의 떡은 매우 특이해 보이지만 실은 안동 · 봉화지방에서는 많이 볼 수 있는 음식이다. 다만, 충재종가에서처럼 다양한 종류의 떡을 조형물을 만들듯 높이 쌓아 만든 음식은 다른 데서는 찾아볼 수 없다. 충재종가의 제상에 올리는 떡은 자손들이 정성을 모아 조상에게 바치는 일종의 예술 작품이다.

4) 오색 유과

충재종가의 고유한 음식으로 전국적인 지명도를 자랑하는 것이 오색 한과 또는 유과다. 이 유과에는 손가락 크기의 강정인 잔유과, 넓적하게 튀겨 만든 산과 혹은 입유과, 그리고 약과의 세 종류가 있다.

내가 닭실마을을 다시 찾은 2011년 5월 7일은 '과자축제' 의 마지막 날이었다. 축제는 어울리지 않게도 재실인 추원재 뒤에서 열렸다. 장소도 장소지만 초코파이라든지 '깡'으로 끝나는, 전국의 어느 구멍가게에도 있는 과자들까지 쌓아 놓고 축제라고 하고 있었다. 천막을 치고 각기 판매장을 차렸는데 한 곳에서 닭실의 유명한 유과를 팔고 있었다. 그 축제를 축제라고 부를 수 있다면 오직 이 닭실 유과 때문이었다.

오늘날 닭실 유과는 사실 닭실마을이나 충재보다 유명하다. 노란색 바탕의 정사각형 상표에는 닭이 알을 품고 있는 그림, 유과 그림과 함께 다음과 같은 문구가 적혀 있다. "600년 전통의 한과 닭실종가 전통 유과 Traditional Sweets 잔유과 · 입유과 · 약과 ☎(054)673-9541, 674-0788 경북 봉화군 · 읍 유곡 1리 생활개선부 유곡부녀회."

오로지 이 유과 판매장에서만 물건이 동났다. 5천 원짜리 잔유과만 몇 봉지 남아 있었다. 나는 그것을 모조리 사서 돌아와 내 연구실의 연구원들에게 한 봉지씩 주고 며칠 후 있었던 아버지 제사상에도 올렸다. 내가 충재종가를 연구하는 바람에 아버지는 돌아가신 지 31년 만에 최고급 한과를 처음 맛보셨다.

종가는 아니지만 일 년에 기제사와 차례를 7번이나 지낼 정도로 제사가 많은 우리 집에서 제사 후에 가장 오래 남아 결국 버리기도 하는 음식이 유과다. 그러나 그때만은 달랐다. 닭실 유과는 곧 소진되었다. 내 판단에 닭실 유과가 인기 있는 가장 큰 비결은 부드럽고 지나치게 달지 않다는 점에 있다. 그것은 또한 보기도 먹기도 좋다. 닭실 유과는 다른 것들과 달리 입자가 곱다. 다른 유과는 겉에 튀밥을 그대로 붙이는데, 닭실 유과는 곱게 가루 낸 튀밥을 묻혔다. 무엇보다도 닭실 유과는 천연 재료로 낸 고운 색깔이 있다. 입안에서의 느낌 또한 다르다. 닭실 유과는 감칠맛 나게 입안에 살짝 머무르는데, 다른 유과들은 너무 딱딱하거나 입에 쩍 달라붙어 손가락을 입에 넣어 입천장에 붙은 것을 떼어 내야 한다.

한과는 찹쌀 반죽에 멥쌀과 조청을 입혀 튀겨 낸 전통 과자로, 제사는 물론 결혼 · 회갑연 등 집안의 대소사에 빠지지 않는 음식이다. 한과는 제사 음식 가운데에서도 가장 손이 많이 가고, 관혼례 등 대소사에서는 가문의 품격을 가늠하는 잣대이기도 했다.

닭실 한과는 단연 전국 최고의 맛과 품질, 그리고 역사를 자랑한다. 닭실 한과는 충재의 불천위 제사를 모시면서 제수용으로 만들기 시작했다고 한다. 충재가 국가로부터 불천위를 받은 것이 1591년이니 그 역사가 어언 420년이다. 유과 봉지 상표에 600년 전통이라고 쓴 것은 어떻게 계산한 결과인지 모르겠지만 아마 앞으로 180년 지나면 그렇다는 이야기일 것이다.

역사와 전통을 자랑하는 닭실의 유과는 색과 디자인이 있는 일종의 예술 작품이다. 닭실 유과는 천연색소로 다섯 가지 색을 낸 고운 음식이다. 오색 한과는 자하초, 치자梔子와 검은깨, 껍질 벗긴 흰깨의 자연의 재료에서 다섯 가지 색을 얻어 물들인 웰빙 한과다. 자하초 달인 물로 꽃분홍 · 연분홍 두 색을 내고, 치자에서 노란 색을 얻고, 검은깨, 흰깨로 두 색을 더해 만들었다. 튀긴 강정을 엿물에 담갔다가 다섯 가지 색깔의 고물에 묻힌다. 요즘은 다섯 색을 다 내지는 않고 두어 색만 낸다.

닭실 유과에는 색깔과 함께 장식이 더해진다. 찰벼를 뜨겁게 달군 솥에 기름 없이 튀기면 찰벼는 하얀 꽃 모양이 된다. 껍질은 튀길 때 저절로 떨어져 나간다. 오색 고물 옷을 입은 강정 위에 부분적으로 조청을 바르고, 튀긴 찰벼를 세 개 정도 놓고 그 사이에 대추나 흑임자(검은깨)로 꽃심을 만든다. 이렇게 만든 강정을 '매화강정' 이라고 한다.

5) 닭실 여성의 공동성과 자존심이 만든 음식

동곳떡도 협동 작업이 필요하지만 특히 유과는 만드는 과정이 길고 복잡해 여러 명이 팀을 이루어 분업을 해야 만들 수 있다. 닭실 한과 생산 작업장도 재료 손질과 말리기, 튀기기, 장식하기의 작업 단계에 따라 네 칸의 방으로 나뉘어 있다. 분업을 하려면 사람이 많아야 하고 또 서로 호흡이 잘 맞아야 한다. 오늘날 18명의 마을 부녀회원들이 마을 입구의 작업장에 모여 공동 작업을 통해 유과를 만들고 있다. 현재 닭실마을에 20여 가구가 살고 있으므로 사실상 모든 집에서 유과 생산에 참여하고 있는 셈이다. 대단한 결집력이다. 닭실마을이 오랜 기간 공동체를 이루어 살아왔기 때문에 오늘날 우리가 그 맛있는 닭실 유과를 맛볼 수 있는 것이다.

강정, 곧 잔유과를 만드는 데는 기름 솥을 맡는 사람, 튀긴 강정을 엿물에 담그는 사람, 엿물 위에 고물을 묻히는 사람, 고물 위에 꽃 장식을 하는 사람 등 여러 사람의 손이 필요하다. 강정을 만들 때는 먼저 찹쌀을 씻어 물에 담근다. 4~5일간 충분히 삭힌 후 건져 내 빻아서 체에 내린다. 나무 함지에 나뭇잎 태운 재를 깔고 무명보자기를 여러 겹으로 덮은 후 그 위에 찹쌀가루를 부어 물기를 흡수한다. 보송해진 찹쌀가루 1/3되에 소주잔으로 식용유(또는 정종) 한 잔과 소주 한 잔을 넣어 경단 반죽 정도의 농도가 될 때까지 치댄다.

찜통에 젖은 보를 깔고 반죽 덩어리를 똑똑 떼어서 골고루 찐다. 찐 떡을 넓은 나무 함지에 쏟아 붓고 꽈리가 일도록 방망이로 세차게 치댄다. 안반에 녹말가루를 뿌리고 치댄 떡을 놓은 후 다시 위에 녹말가루를 뿌리고 손으로 고루 편다. 0.5㎝ 두께로 얇게 민 다음 원하는 크기로 자른다. 뜨거운 방바닥에 종이를 깔고 썬 것을 붙지 않게 뒤적여 가며 3일 정도 실내에서 말린다. 이것을 항아리에 솔잎을 깔아 켜켜이 놓고 단지를 뜨거운 방의 이불 속에 두면, 솔잎의 습기를 강정이 먹고 녹녹해진다.

이 강정을 섭씨 110~120도 정도의 기름에 넣어 부풀 때까지 뒤적이면서 튀긴다. 너무 뜨거운 기름에 넣으면 갑자기 부풀어 올라 모양이 없게 된다. 다시 온도를 150도 정도로 올린 기름에 넣고 튀기면 겉이 단단해진다. 튀긴 강정을 종이 위에 놓아 기름을 뺀다. 이 강정을 묽은 엿물에 넣었다가 건져 내 고물을 입힌다. 마지막으로 그 위에 찰벼 튀김과 건포도로 꽃문양을 만든다.

다음으로 입유과(손바닥만 한 유과)를 만드는 과정을 살펴보자. 하루에 20되씩 찹쌀을 빻아 시루에 쪄내 홍두깨로 밀어 손바닥만 한 떡살을 만든다. 유과의 바탕이 되는 이 떡살은 온돌방 바닥에서 말린 다음 기름에 넣고 낮은 온도에서 나무 주걱으로 천천히 눌러가며 튀긴다. 지지는 것처럼 누르지 않으면 유과 바탕이 울툭불툭해진다.

2, 3배 크기로 지져 낸 것에 조청(물엿)을 바르고 곱게 가루 낸 튀밥을 묻히면 입유과가 완성된다. 흰깨, 검은깨로 단장한 입과(유과) 위에 조청을 발라 꽃받침으로 삼고, 그 위에 눈꽃 같은 찹쌀 튀밥과 건포도를 잘게 쪼개 꽃 모양으로 얹으면 공정이 완성된다. 일주일 정도의 시간과 숱한 손길로 만들어진 입과는 속이 촘촘하고 입안에서 녹는 느낌이 부드러운 게 특징이다.

약과는 찹쌀에 정종과 소주, 계핏가루와 생강을 듬뿍 넣어 만들어 낸다. 부드럽게 반죽하는 게 맛의 비결이다. 인공 재료를 전혀 사용하지 않는다. 요즘에는 떡 틀로 찍어 내 깨와 잣, 건포도로 꽃 모양을 얹는다.

닭실 한과는 마을 여성들의 자존심이다. 그들은 까다롭기 그지없는 전통 방식 그대로 한과를 만들고 있다. 귀한 음식이니만큼 기계에 의존하지 않고 손으로 만든다. 그러니 시간이 많이 걸릴 수밖에 없다. 찹쌀을 담가 불리고, 찌고, 떡살을 만들어 널어 말리는 데만 3일 이상이 소요된다. 백화점 주문도 사양하고 만들 수 있는 만큼만 만든다. 그래서 닭실 한과를 사려면 직접 마을을 방문하거나 택배로 주문해야 한다. 이렇게 정성을 다해 일정한 양만 만드니 품질을 유지할 수 있다. 또한 어차피 수요가 공급을 초과하니 변덕스런 소비자의 입맛에 아부할 필요도 없다.

이 대목에서 대형 식품 회사들이 향토음식을 상품화했다 하면 맛이 왜곡되는 이유를 알 수 있다. 그들이 만든, 지역성은 물론 국적까지도 의심케 하는 막걸리와 복분자를 보라. 음식을 예술로 만드는 것은 만드는 자의 자존심이다.

6) 출시에 400년 걸린 최고급 음식 브랜드

닭실 한과 30g에 함유된 영양 성분은 입과의 경우 열량 12㎉, 탄수화물 25g, 단백질 1g으로 1일 영양소 기준치의 10% 정도지만 콜레스테롤과 나트륨은 포함돼 있지 않다. 한과의 재료도 찹쌀과 쌀, 참깨, 생강, 참기름, 콩가루 등 대부분 국산 재료를 엄선해 사용한다.

닭실마을에서는 6월에서 8월까지의 한여름을 제외하고는 일 년 내내 한과를 만들어 내고 있다. 설 명절을 앞두고는 12월부터 준비해 1월까지 꾸준히 제품을 생산해 내야 물량을 맞출 수 있다. 1.5kg, 2.5kg, 3.0kg들이 대나무 상자 포장 상품이 인기를 얻고 있다.

이렇게 닭실마을에서 한과를 만들어 판매하기 시작한 것은 1992년부터다. 그때 종가와 마을 부녀회가 협의해서 농가 소득도 올릴 겸 유과를 주문 생산하기로 했다. 닭실 유과를 만든 지 400년 만의 어려운 결정이었다. 문중 어르신들의 곱지 않은 시선이 있었음은 물론이다. 본격적인 산업화에 나선 것은 2003년 봉화군농업기술센터가 '농촌 여성 일감 갖기 사업'으로 선정, 지금의 생산 시설을 마련해 주면서부터다. 이때부터 닭실 한과는 브랜드를 개발하고 정확한 성분과 내용물, 선물용 포장재 등을 개발해 전국 판매망을 갖추고 있다. 하지만 모든 공정에 수작업을 고집하면서 대량생산이 어려워 산업화의 확대는 불가능하다. 그러나 한과 브랜드 경쟁력에서 닭실 한과는 전국에서 단연 으뜸으로 손꼽힌다. 마을 부녀회의 노력으로 전국적인 지명도를 얻은 오색 한과는 종가음식이 산업화될 수 있는 가능성을 보여 준다.

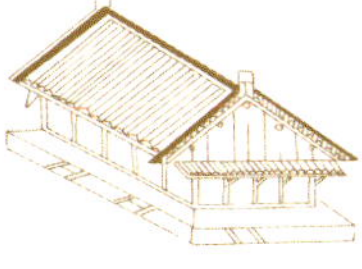

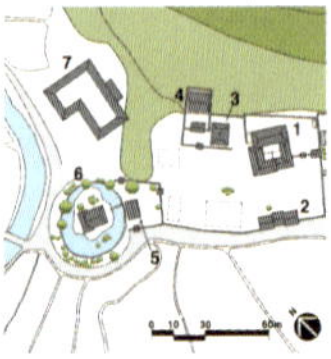

7
4
3
1
6
2
5
0 10 30 60m

제5장 건축, 삶의 방식을 드러내다

1. 충재종가의 성장과 축소

1) 5대에 걸쳐 서서히 핀 충재종가라는 꽃

입향조인 충재 이래로 닭실에는 안동권씨 판서공파가 대를 이어 살고 있는데, 현재 충재종가에는 충재의 18대손 가족이 거주하고 있다. 전통 주거공간은 대를 이어 지속적으로 조성, 변모, 재구성되는 유기체라고 할 수 있는데, 충재종가에서 이런 특성을 잘 살펴볼 수 있다. 여기서는 문헌과 구술 자료를 바탕으로 충재종가의 과거 모습을 추적해 가상으로 복원함으로써 18대에 걸친 충재종택의 변천을 살펴본다.

충재종가는 1520년(중종 15) 기묘사화에 연루되어 파직된 충재가 향리에 정착하여 후진을 양성하고 경학經學 연구에 전념한 출발점이자 거점이다. 18세기 후반에 편찬된 닭실마을 향토지인 『국역 석천지石泉志』(73~76쪽)에는 "충재가 1520년에 입향하여 지은 초기의 소규모 종택을 그의 아들과 손자인 청암靑巖 권동보權東輔(1517~1591)와 석천石泉 권래權來(1562~1617)가 증축하여 60여 칸을 이루었다. 그 구성은 '일日' 자 모양으로 양 끝을 누樓로 꾸며 행랑을 내려다보게 했고, 그 중간이 안채로 좌우가 높고 안뜰이 좁고 작았다. 1678년에는 이 집의 동쪽 10보 미만 되는 곳에 터를 닦아 옛집의 일부만 남기고 대대적으로 고쳐 지었다. 그 뒤 다시 서쪽 옛터에 종택을 옮겨 지었다"라고 되어 있다. 따라서 충재종가는 충재가 닭실마을로 입향한 해인 1520년, 마을에서 가장 일찍 틀을 잡은 살림집으로서, 집터의 이동은 있었으나 결국 본래 충재가 정한 곳으로 되돌아왔음을 알 수 있다.

충재는 1526년에 살고 있는 집 서쪽에 자신의 호와 같은 이름의 작은 서재 충재冲齋를 지었다. 충재는 한서당寒棲堂이라고도 불렀다. 그리고 그 서쪽 바위 위에 여섯 칸의 정자인 구암정龜巖亭을 짓고 그 주위로 연못을 파 물을 둘렀다. 구암정은 뒤에 충재의 아들 권동보의 호를 따서 청암정靑巖亭으로 이름이 바뀐다.

갱장각은 충재의 5대손인 하당 권두인(1643~1719)이 1679년(숙종 5)에 제례를 준비하는 건물로 지었다. 내부에 걸린 '갱장각羹墻閣' 이라는 편액은 외손인 홍사제가 썼다. '갱장' 이란 요임금이 죽은 뒤에 순임금이 요임금을 3년간 그리워하여 앉으면 장墻, 곧 담에 나타나고, 밥 먹을 때면 갱羹, 곧 국그릇에 보였다는 이야기(『後漢書』, 권63, 「李固傳」, "昔堯殂之後 舜仰慕三年 坐則見堯於牆 食則覩堯於羹")에서 나온 말로, 선현을 추모하고 사모한다는 말이다. 충재가 본 과거시험 문제에도 나왔지만 조선시대가 이상적인 사회로 본 것은 요·순으로 이어지는 하·은·주 삼대三代의 성왕聖王 시대였다. 삼대의 성왕들이 조상을 추모했듯이 진심으로 조상을 기리려는 의도를 담은 이름이다.

여러 대에 걸쳐 건축물을 늘려 나가 종가의 영역을 완성한 것은 그만큼 문중이 지속적으로 번성했고 경제력이 뒷받침되었음을 의미한다. 각각 15점과 25점이 전하는 분재기分財記(가족이나 친척에게 나누어 줄 재산을 기록한 문서)와 명문明文을 통해 충재 대부터 19세기 초에 이르기까지 충재가의 경제적 규모와 그 추이를 짐작할 수 있다. 「권동보남매화회전민분금기權東輔男妹和會田民分衿記」를 분석한 이수건의 『영남사림파의 형성』에 따르면, 충재 대에 노비가 318구, 전답이 2,313두락이었다. 노비는 당시 사족들에게 중요한 세습 재산이었다. 여러 곳의 농지에서 농사를 짓는 노비들은 병작반수竝作半收라 하여 수확의 절반을 주인에게 바쳤으니, 노비는 문중의 경제력 유지에 없어서는 안 될 존재였다. 그럼 이는 어느 정도의 경제력인가?

대구 옻골마을의 경주최씨 문중을 부흥시킨 백불암百弗庵 최

홍원崔興遠(1705~1786)은 70세가 되던 1774년에 132명의 노비를 거느렸다. 그 이전 퇴계 이황 부부가 자녀에게 남긴 노비는 367명이었다고 한다. 노비만으로 볼 때 충재 대의 경제력이 막강했다고 할 수 있다.

2) 몸집을 줄여 변화된 시대에 적응하다

비단 충재종가만이 아니다. 신분제에 바탕을 둔 풍부한 노동력, 너른 지역에 분포하는 토지를 기반으로 하는 경제력으로 유지되던 종가는 일제강점기에 큰 위기를 맞는다. 그리고 6·25 전쟁과 산업화·도시화 시대를 거치면서 종가의 힘은 더욱 빠졌다. 1949년 농지개혁으로 경제적 기반이 축소되고 사회적 인식의 변화로 종가를 유지하는 것은 힘겨운 일이 되었다. 종가에서 하던 문중 재산의 관리도 문중 조직으로 넘어갔다. 여러 채의 건물로 이루어진, 격식을 갖춘 종가를 유지하는 것조차 힘든 시대가 되었다. 건물이 많으면 세금 부담도 커서 꼭 필요치 않은 건물은 철거하는 것이 나았다.

1940년에 발생한 닭실마을의 큰 화재는 충재종가가 축소되는 또 하나의 직접적인 계기가 되었다. 이때 본채의 동쪽에 있던 별당, 사당 서쪽에 있던 별묘와 장판각 등이 불탔다. 그때는 이미 사라진 건물들을 본래의 모습으로 다시 지을 상황이 아니었다.

충재종가가 현재의 모습을 갖춘 것은 1948년이다. 이때 안행랑채, 책을 출판하던 저존각著存閣 등 여러 채가 철거되고, 오늘날 남은 건물들도 위치에는 별다른 변화가 없었으나 사실상 다시 지어졌다. 또한 건물의 규모가 많이 축소되었다. 본채를 이루는 안채와 사랑채 방들이 모두 작아졌다.

현재 7칸인 대문채는 본래 서쪽으로 2칸이 더 있어 9칸의 긴 건물이었다. 'ㅁ' 자형 본채의 동쪽에는 별당이 있었다. 현재는 별당으로 들어가는 작은 대문만 남아 있다. 그리고 현재의 너른 사랑마당에 있던 7칸의 안행랑채도 철거되었다.

이때 노후한 건물들을 대대적으로 다시 지었다. 재목은 인근 산에서 벌채한 춘양목으로 지었다. 해방된 지 얼마 안 된 시기에 깊은 산중에서 목재를 벌채하느라 빨치산과 내통한다는 소문까지 돌았다고 한다.

종가의 몸집을 줄이는 일은 1990년대까지 계속되었다. 이때 사당 서쪽 앞에 있던 두 건물이 철거되었다. 사당의 담 서쪽 모퉁이에 있던 강당이라는 건물이 그중 하나다. 강당은 전면 3칸의 겹집(칸살이가 두 줄로 된 집)이었다. 또한 서재인 충재의 동쪽 담과 나란히 있던 4칸 전퇴집(앞쪽에 퇴공간을 둔 집)도 철거되었다. 작은사랑채라고 불리던 이 살림집에는 현 종손의 숙부 가족이 거주했다.

3) 충재종가의 새로운 시대를 열어 갈 충재박물관

1994년, 대문채의 서쪽에 '충재선생유물관' 이 한옥형의 철근콘크리트 건물로 건립되었다. 문중에서 재정을 마련하여 1986년에 건립을 준비하기 시작해 1994년에 개관했다. 고문서를 비롯해 종가가 소장한 수많은 충재 관련 유물들을 이곳에 보관 · 전시했다. '충재선생유물관' 은 그 위치가 적절치 않았다. 그래서 2006년 '유교문화권사업' 의 지원을 받아 충재종가의 영역을 살짝 벗어난 지점으로 옮겨가 '충재박물관' 으로 다시 문을 열었다.

충재박물관에는 5천여 점의 유물을 전시 · 보관하고 있다. 『충재일기』를 비롯해 충재가 예문관 검열로 있을 때 쓴 『한원일기』와 승정원에서 부승지와 도승지를 지낼 때 쓴 『승선일기』 등 많은 문화재가 전시되어 있다. 보물로 지정된 것만 모두 482점이나 된다. 특히 사료로서의 가치가 큰 임진왜란 이전의 기록들이 많이 남아 있다.

2005년 문화재청과 영남문화연구원이 충재종가의 동산문화재를 조사한 바에 따르면, 충재종가에는 약 3천여 책이 소장되어 있다. 그중 『우향계축』(1478), 『사마방목』(1406), 『문과잡과방목』(1507), 『충재자필일기』 등 고서 15종 184책, 고문서 15종 274점, 유묵遺墨(생전에 남긴 글씨나 그림) 8종 14점이 보물로 지정되었다. 이것들은 조선 전기의 정치 · 사회 · 경제 · 문화사를 연구하는 데 매우 귀중한 자료로 인정된다. 특히 분재기와 명문류는 일찍이 학계의 주목을 받았다. 중요한 몇 가지 문서 자료를 살펴보면 다음과 같다.

『우향계축』은 1478년(성종 9) 안동에 거주하는 권벌의 조부 권곤, 권자겸權自謙 등 안동에 거주하는 13인의 선비들이 조직한 친목 모임의 계축으로서, 조선 전기의 계회를 연구하는 데 귀중한 자료다. 서거정이 짓고 쓴 제시가 붙어 있어 한층 가치가 높다. 충재의 조부 권곤의 이름이 계회 좌목에 나타나 있는데, 1712년(숙종 38) 권곤의 7세손 권두인이 영춘현감으로 재임 시에 우향계원의 후손인 남두회로부터 구해 책으로 묶고 자신의 기록을 붙여 권씨가에 보관하게 되었다. 그 뒤 1743년(영조 19) 권곤의 8세손 권만이 또 기록을 첨가해 현재까지 충재종가에 보관되어 있다.

1496년(연산군 2)에 간행된 『사마방목司馬榜目』(『弘治九年丙辰生員進士榜目』)은 충재가 합격한 진사시의 합격자 명단이다. 이는 보물 524호인 『정덕계유사방목』보다 17년 앞선 것으로 두 번째로 오래된 자료로 알려져 있다.

『정덕정묘문무잡과방목正德丁卯文武雜科榜目』은 1507년(중종 2)에 시행한 방목으로, 지금까지 전해지는 대과방목 중 가장 오래된 것이다. 이는 보물 603호로 지정된 『정덕계유문무잡과병목』보다 6년 오래된 것으로 사마방목 및 인물 연구에 귀중한 자료다.

『을사정난기』는 1545년(명종 즉위년) 을사사화의 사건 전말을 적은 책으로 유일하게 남아 있는 것이다.

충재종가에 전해 오는 고문서의 특징은 다른 종가의 것들에 비해 작성 시기가 이르다는 데 있다. 다른 종가들의 경우 18·19세기에 작성된 고문서들을 많이 가지고 있으나 충재종가에 전해 오는 문서들은 충재 당대부터 작성된 것이기 때문에 조선 전기의 사회와 경제를 밝히는 데 사료로서의 가치가 크다.

충재박물관은 종가에서 자체적으로 운영하고 있다. 종가에서 운영한 지 5년이 지나자 충재박물관의 운영 자금이 바닥나 버렸다. 종가에서는 군청에서 지원을 해 주어 충재박물관이 공립박물관으로서의 제 역할을 다 할 수 있기를 희망한다. 그러나 군청에서는 유물이 모두 문중의 것이니 문중 쪽에서 계속 관리하기를 바란다. 2010년 10월 29일 충재박물관에서 만난 종손의 아들 권용철은 이런 문제로 박물관의 장래를 걱정하고 있었다. 박물관을 관리하기 위해 다니던 직장까지 그만두고 젊은 나이에 귀향한 그의 고뇌는 얼마나 클 것인가?

결국 충재박물관은 운영난으로 한동안 문을 닫았다가 2011년 5월에 다시 문을 열었다. 문중과 군청의 서로 다른 입장에서 역사적 인물의 유산, 그리고 종가의 문화유산이 문중만의 것인가 아니면 사회 전체의 것인가에 대한 인식의 차이를 엿볼 수 있다. 나는 충재와 충재종가의 유산은 이미 문중의 차원을 넘어서 우리 사회 전체의 자산이며 이를 보존하기 위해 지원하는 것은 국가나

지방자치단체의 당연한 의무라고 생각한다.

4) 충재종가는 지속 가능한가

근대기부터 축소의 길을 걸어온 충재종가, 앞으로 그것을 지속하는 것은 가능한가? 충재종가 일곽은 국가지정문화재인 '명승'으로 지정되어 있어서 국가의 지원을 받아 보수되고 유지·관리되고 있다. 국가는 문화재보호법에 따라 문화재를 본래의 모습으로 유지하도록 지원을 하고 있다. 그러나 사람이 사는 데 필요한 것은 문화재가 아니라 생활을 잘 담아내는 공간이다.

우리 전통문화를 이끌어 온 전국 각지의 종가와 그 가족들은 힘겨운 현실과 마주하고 있다. 특히 문화재 건물에 거주하는 경우 그 고통은 배가된다. 현행의 문화재보호법이 문화재가 주택이든 사찰이든 원형 보존을 고집하고 있기 때문이다.

앞으로 충재종가의 지속 가능성은 종손 가족의 살림집과 국가문화재라는 서로 다른 입장에서 빚어지는 갈등과 충돌을 어떻게 해결하며 '보전' 해 나가느냐에 달려 있다. 여기서 보전保全(conservation)이란 보존保存(preservation)과는 다른 말이다. 두 말이 비슷해서 혼용되기도 하지만, 엄밀한 뜻은 서로 다르다. 전자는 원형의 근간을 유지하며 새로운 조건에 맞게 다소의 변경을 수용하고 유연하게 유지 관리해 나가는 것을 말하는 반면, 후자는 원형을 그대로 유지하는 것을 말한다. 보전은 관리와 활용의 개념을 내포하는 용어로, 역사문화적 진정성(authenticity)을 훼손하지 않는 범위에서 현재의 현실적 요구와 타협하는 것을 의미한다.

여기서 보존 대신 보전이라는 용어를 쓰는 것은, 한옥이 과거의 일정한 시점에 얼어붙은 일종의 화석이 되어서는 곤란하다는 뜻에서다. 그래서는 한옥이 거주공간으로서 생명력을 가질 수 없다. 나무 · 흙 등 자연 재료로 지어지고 유기적으로 갱신되는 건축인 한옥을 원형대로 보존하는 것은 사실상 불가능하다. 또한 다른 문화유산과 달리 일상생활이 일어나는 주거에 있어서 원형 유지, 곧 보존은 대단히 어렵다. 과거에 고정된 주택에서 현대의 생활을 영위한다는 것은 불가능에 가깝기 때문에 원형의 유지를 추구하는 한옥에서는 필연적으로 거주자의 생활 문제가 대두된다. 이 문제를 해결하지 못해 거주자가 떠나 집이 비게 되면 관리가 되지 않아 한옥은 급속히 퇴락한다. 요컨대, 한옥에 있어서는 활용의 주체와 대상(한옥)이 모두 품격을 유지할 수 있는 보전의 방안을 찾는 것이 중요하다.

충재종가는 종손 가족의 변화하는 생활을 담기 위해 자구책으로 조금씩 새롭게 변모해 왔다. 1980년대 말, 다른 전통주택에 사는 이들이 대개 그랬듯이 부엌을 입식으로 개조했다. 그러나 각종 가재도구, 가전제품, 그리고 가구가 늘어나 2칸의 부엌에서 음식을 준비하기는 어렵다. 전통한옥에서 살림을 이어갈 때 부딪히는 가장 심각한 문제 중 하나는 수납공간의 부족이다. 충재 종가의 가족들도 이 때문에 생활에 큰 불편을 겪고 있다.

현재 충재종가에서 사용할 수 있는 방은 6개다. 그나마 안방 · 사랑방 · 작은사랑방은 손님 접대 공간으로 쓰여서 마음 놓고 잠을 잘 수 있는 방은 3개에 불과하다. 이렇게 종가는 사적 영역을 확보하는 것이 불가능한 집이다. 그래서 종손 가족들은 별도의 살림공간을 원하고 있다.

현재 전국의 여러 종가에서 숙박사업을 하고 있다. 문화 체험 관광이라는 공적인 목적도 있지만 종가를 유지 · 관리하기 위한 수입을 창출하려는 자구책의 성격도 강하다. 2010년 5월 현재 전국에서 260여 호(70% 이상이 문화재 한옥임)의 한옥이 한옥체험업(문화관광부에 60여 호가 등록한 상태임)에 활용되고 있다. 그러나 충재종가에서는 아직 숙박사업을 생각하고 있지 않다. 다만 재실인 추원재는 경상북도의 민박자원화사업의 지원을 받고 있다. 과거에도 닭실마을을 찾은 손님들이 숙박했던 곳이었지만 문중 어른들은 재실을 그렇게 활용하는 것을 반대했다. 조상의 고귀한 자산을 돈벌이에 이용한다고 못마땅해한 것이다. 추원재에 딸린 농지, 곧 위토位土는 밭 1,500평, 논 6,000평으로 이것을 소작 주고 받는 것이 쌀 20가마니 정도다. 쌀 한 가마니에 12만원이라고 하면 240만원인데, 이 정도의 수입으로는 문중의 제사를 유지하기 어려워 현재 문중 어른들의 희사로 제사를 유지하고 있다. 앞으로 다른 수입원을 찾지 않고서는 문중의 활동을 지속하기 어려운 실정이다. 결국 종가의 지속 가능성에 결정적으로 중요한 변수는 경제적 지속 가능성이다.

2. 충재종가의 건축

1) 배치

삼계서원 쪽에서 마을로 들어오던 예전과 달리 오늘날 닭실 마을의 입구는 동쪽의 지방도에서 휘어져 내려와 작은 다리를 건넌 곳에 있다. 이 마을 입구에서 마을 안길을 따라가면 길이 끝나는 지점에 충재종가가 있다. '금닭이 알을 품고 있다'는 금계포란金鷄抱卵의 형국에서 알에 해당하는 상서로운 장소, 최고의 명당이다.

충재종가는 뒤로 든든한 주산인 백설령에 기대고 앞으로 시선을 받아 주는 안산을 바라보는 아늑한 장소에 자리 잡았다. 남

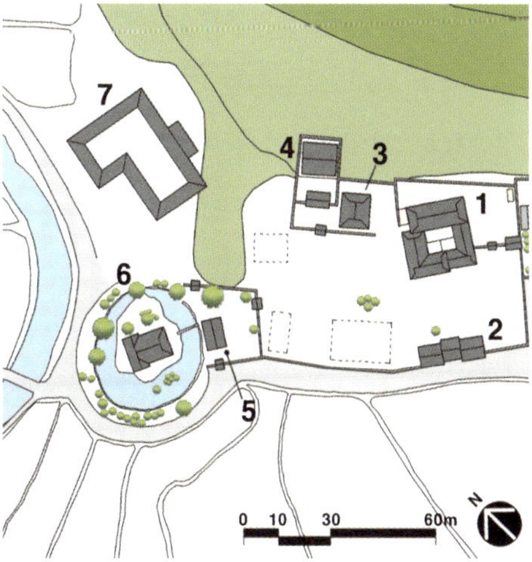

충재종가 배치도
1. 본채(안채, 사랑채)
2. 대문채
3. 갱장각
4. 사당
5. 충재
6. 청암정
7. 충재박물관

산 아래로는 사시사철 매우 맑은 물이 흐르는 '앞거랑'이 있다. 백설령과 남산의 기슭에 우거진 낙락장송들은 자연 속에서 보호받는 느낌을 더해 준다. 배산임수의 명당이며 은신처로서 적합한 곳이다. 집 앞에는 꽤 너른 문전옥답이 있어서 언제나 넉넉한 분위기다. 마을 안길을 따라 가로(남동–북서) 방향으로 본채 영역, 제례 영역, 정자 영역의 세 영역이 배치되어 있다. 각 영역의 집들은 지형의 흐름에 따라 서로 다른 방위를 취했다. 본채 영역과 청암정은 남남서향, 사당 영역은 남서향, 충재박물관은 서향이다.

본채 영역은 마을 안길을 따라 앞의 남산과 대응하고 있는 대문채, 그리고 대문채와 같은 폭으로 나란히 배치된 본채로 구성된다. 제례 영역은 사당과 갱장각으로 구성되었다. 앞에는 충재선생유물관 등 부속 건물들이 있었으나 철거되어 넓은 공터가 있다. 정자 영역은 서재인 충재와 청암정으로 구성된다. 뒤에는 충재박물관이 자리 잡았다. 정자 영역에서 살림을 하는 본채 영역 쪽으로는 담이 둘려 있고 간단한 일각대문을 통해 연결된다. 본채 영역에서 정자 영역 쪽을 보면 서재인 '충재'가 청암정을 교묘하게 가린다. 여기서 두 영역을 나누려는 의지를 읽을 수 있다.

충재종가의 배치도를 보면 본채와 대문간 사이, 그리고 사당 영역의 앞에 지나치게 넓은 공터가 있다. 이는, 근대기를 거치면서 종가가 많은 건물을 거느리는 것이 보통 힘든 일이 아니어서 여러 동의 부수적인 건물을 철거했기 때문이다. 현재의 사랑채 앞에 있던 안행랑채, 사당 영역 앞에 있던 작은사랑채, 그리고 사당 영역과 정자 영역 사이에 있던 장판각이 사라졌다. 사당 앞에 있던, 강당이라고 불리던 관리사도 근래에 철거되었다. 안채의 규모도 축소되었다. 안채와 사랑채 모두 방이 작아졌다. 요즘 생활하면서 물건을 보관할 수납공간이 없어 불편할 정도다.

이같이 거주공간을 축소하는 공사는 20세기 전반에 일어났는데, 이 공사를 담당한 사람은 안동시 북후면 옹천 출신의 김은득 도편수다. 그는 네 명의 대목과 함께 반 년 동안 일을 했다고 한다.

충재종가 본채 전경

2) 본채 영역의 구성

대문채는 솟을대문을 중심으로 양쪽에 각각 세 칸씩 행랑채가 달려 있다. 동쪽에는 방 한 칸과 마구간 2칸, 서쪽에는 방 한 칸과 고방 2칸이 배열되었다. 이 문간채를 지나면 좌우로 긴 넓은 마당이 펼쳐진다. 집 안팎을 잇는 동선과 시선의 통로인 대문간에는 위아래의 문인방에 초승달처럼 휘어진 나무를 사용했다. 마음의 여유가 느껴지는 디자인이다. 이렇게 부재 하나하나가 살아 있으면서도 그것들이 모여서 조화로운 건물 전체를 이루는 것이 한옥 건물의 큰 특징이다. 대문채는 본채와 마찬가지로 전면 7칸의 긴 건물이다. 중앙의 대문간은 안채로 들어가는 중문간과는 어긋나게 배열되었고, 대문간을 들어서면 사랑채와 마주하게 된다.

솟을대문으로 들어서면 정면에 사랑채가 있다. 사랑채의 툇마루에 앉으면 특이한 디자인의 대문간을 통해 안산인 남산이 바라보인다. 사랑채 오른쪽의 중문을 통해 안마당으로 들어간다. 사랑채와 안채, 그리고 아래채로 이루어진 'ㅁ' 자형 본채가 안마

충재종택 사랑채에서 앞을 본 모습. 대문간이 사랑채 중앙의 대청과 일직선에 놓여 있는 것에서 앞쪽 남산을 향한 시선을 중요시했음을 알 수 있다. 대문간의 상인방과 하인방이 원형을 이루어 전면으로 향하는 시선을 더욱 강조한다.

당을 둘러싸고 있다. 네모반듯한 안마당은 가각 전면 2간인 안방과 대청에 대응한다. 그래서 건물의 기단 부위를 제외한 순수한 안마당은 각 변이 4칸으로 정사각형에 가깝다. 중문 이외에도 안채와 아래채, 사랑채 사이에 각각 출입문이 있어서 본채의 앞과 양 옆으로 동선이 원활히 연결된다. 안마당은 사방이 건물로 둘러싸여 세상과 단절된 영역이다. 바깥이라고는 하늘만 볼 수 있다.

본채는 전면 7칸, 측면 7.5칸으로 매우 큰 규모의 한옥이다. 앞에서 보아 양쪽 모서리에는 모두 마루를 배치했다. 안채와 사랑채, 그리고 아래채 모두 온돌방과 마루가 짝을 이루고 있다. 사랑채를 다시 지을 때 큰사랑방 앞의 기둥 2개를 근처에서 채취한 잣나무로 교체하는 등 부재가 일부 바뀌기는 했지만, 본채는 기본적으로 인근의 춘양에서 채취한 춘양목으로 지어졌다.

봉화군 춘양면은 옛날부터 양질의 소나무인 홍송紅松을 공급해 온 지역이다. 춘양에서 전국으로 공급되는 소나무를 '춘양목'이라 부르는데, 소나무 중에서 최고급 목재다. 그래서 가격도 보통 소나무의 두 배가 넘는다. 춘양목은 질이 단단하고 곧게 자라며 나뭇결이 비단같이 곱다. 충재종가 사랑채 전면

충재종가 본채 평면도
1. 부엌
2. 안방
3. 상방(건넌방)
4. 큰사랑방
5. 작은사랑방
6. 책방
7. 아랫사랑방
8. 방
9. 중문
10. 서쪽문
11. 동쪽문

의 춘양목 원기둥의 붉은빛 나뭇결은 여전히 아름답다.

안채는 전면 6칸의 겹집형이다. 기단은 장대석 위에 낮은 돌을 쌓아 나지막하지만 기둥 높이가 3.17m(초석~장여)로 한옥치고는 비교적 높은 건물이다. 대개 한옥의 기둥 높이는 2.7m(9자) 정도다. 실 구성을 보면, 서쪽(앞에서 보아 왼쪽)부터 부엌 1칸, 안방 2칸, 마루(대청) 2칸, 상방(건넌방) 1칸의 순서로 배열되었다. 부엌의 상부에는 다락을 설치했다. 안방에는 종부가 기거하고 건넌방은 며느리가 쓴다. 대청을 사이에 두고 두 여성 세대世代가 공간을 나누어 사용한다. 안방은 앞쪽의 안마당을 관장하고, 건넌방은 쪽마루를 통해 뒤쪽(동쪽)의 마당으로 연결된다.

아래채는 양쪽 끝에 각각 방 1칸을 배치하고, 그 사이에 고방 2칸과 마루방(서재) 1칸을 두어 모두 5칸을 'ㄱ' 자형으로 구성했다. 과거에는 아이들이 아랫사랑방(중문 옆의 방)에서 독선생을 모시고 공부했다. 안채 쪽의 방은 안마당 쪽으로 쪽마루를 덧대고 중문 쪽의 방은 앞의 사랑마당 쪽으로 쪽마루를 덧댄 것에서, 두 방의 용도와 성격이 서로 달랐음을 짐작할 수 있다.

3) 바깥세상과 만나는 사랑채

사랑채는 남자 어른이 손님을 접대하는 공간인데, 격식을 갖추어 지은 사랑채에는 큰사랑방과 작은사랑방을 따로 두어 두 세대의 남성이 각기 손님을 맞을 수 있도록 한다. 충재종가의 사랑채가 그렇게 구성되어 있다. 본채 중에서 사랑채 부분만은 손님을 접대하는 건물답게 장식적인 처리를 했다. 전면과 측면(서쪽)의 툇마루 위에는 일정한 간격으로 소로(위아래의 수평부재 사이를 연결하는 구두 굽 모양의 요소)로 장식을 했다. 그리고 벽이 설치되지 않고 노출된 툇마루 앞의 기둥은 모두 사각기둥보다 장식적인 원기둥으로 했다. 사랑채 전면의 원기둥은 본래의 것을 조금씩 깎아낸 것인데도 현재 지름이 315㎜로 1자(30.3㎝)가 넘는다. 국가지정문화재 한옥의 기둥 지름 중간 값이 245㎜(8치 가웃) 정도인 것을 생각하면 충재종가 사랑채의 기둥은 상당히 두꺼운 것임을 알 수 있다. 앞쪽의 튼실한 기둥들로 인해 충재종가의 사랑채는 매우 안정감이 있고 다부진 모습이다.

사랑채는 앞에서 보면 팔작지붕을 이은 완결적인 대칭 형태의 건물이다. 안채와 달리 밖에서 바라봤을 때의 조형성을 중시했음을 알 수 있다. 사랑채는 마루와 온돌방이 각각 2칸씩 구성되어 허虛와 실實의 대비를 이룬다. 사랑채의 실구성을 살펴보면, 두 칸의 마루(방)를 중심으로 각각 두 칸의 사랑방 두 개가 직각으로 배열되어 있다. 중문 옆에 앞(남쪽)을 바라보도록 배치된 방이 큰사랑방, 그와 직각으로 옆(서쪽)을 바라보도록 배치된 방이 작은사랑방이다.

안마당의 반대쪽으로 퇴공간이 조성된 데서 사랑채가 안마당 쪽이 아니라 외부를 향하는 외향적 성격을 가졌음을 알 수 있다. 두 사랑방 사이의 두 칸 마루는 방들과 불발기분합문(가운데 부분에는 광창을 달고 위아래는 벽지를 발라 빛을 차단하는, 대청과 방 사이에 설치되는 독특한 분합문)으로 구획되어 있다. 가운데에 빛을 받아들이는 사각형과 팔각형의 광창을 내고 위아래는 벽지를 양쪽으로 발라 빛을 차단한 이 독특한 문을 열어 들어 올리면 사랑채의 세 공간, 곧 큰사랑방, 작은사랑방, 사랑대청은 하나의 공간으로 통합된다. 사랑대청은 두 방 사이를 연결해 주기도 하지만 큰사랑방에 기거하는 어른이 주로 사용하는 공간이었다. 작은사랑방 사람들은 작은사랑방 옆(북쪽)에 있는 한 칸의 마루를 사용했다. 그 마루에 면한 한 칸 방은 책방이다. 공간을 사용하는 방식에서도 세대 사이에 위계질서가 명확했음을 알 수 있다.

4) 제례 영역의 구성

성리학의 이데올로기를 바탕으로 작동했던 전통사회에서 제례는 가장 중요한 의례였다. 특히 종가에서 제례는 거의 일상생활의 일부였다. 충재종가에도 4대조까지의 기제사와 명절의 차례, 그리고 불천위 제사 등 많은 제사가 있다. 따라서 종가 건축에서는 제례를 위한 공간이 살림을 위한 공간과 거의 대등한 비중을 차지하는 경우가 많다. 충재종가에서도 그렇다. 불천위 신위는 별묘에 모시는 것이 원칙이나 충재종가의 별묘는 사라졌다. 현재는 불천위가 앞에서 보아 사당의 가장 왼쪽에 모셔져 있다.

본채의 북서쪽 뒤, 산자락으로 둘러싸인 경사지에 제례 영역을 조성했다. 제례 영역 서쪽의 도드라진 지형은 일제강점기에 서쪽이 허하다고 판단해 인공적으로 조성한 것이다. 제례 영역의 가장 높은 지점에 사당이 있고, 사당과 본채 사이에 제청인 갱장각이 있다. 갱장각은 전면 3칸, 측면 2칸의 마루방으로 팔작지붕을 이었다. 일각대문이 설치된 사당 앞의 담이 갱장각 측면까

충재종가의 제례 영역

지 이어져 두 건물을 하나의 영역으로 아우른다.

충재종가에서는 사당이 정침의 서쪽에 있는데, 이는 사당을 정침의 동쪽에 두도록 한 『주자가례』의 원칙에 위배된다. 주자가 중국 고대의 예제禮制를 재해석하여 새로운 윤리체계로 제시한 『주자가례』는 조선시대에 주거공간을 만드는 기준이 되는 교범이었다. 그러나 기성의 개념을 그대로 구현하기 힘들 경우에는 과감히 그것을 현실 조건에 맞도록 변형시켰다. 충재종가에서도 사당에 갈 때 남성 영역인 사랑채에서 여성 영역인 안채를 거치는 일이 없도록 사당의 위치를 서쪽에 정함으로써 안채의 동쪽에 사당을 두도록 한 『주자가례』의 규정을 어긴 것이다. 교과서보다 현실의 조건을 따른 종가의 유연한 선택을 확인할 수 있다. 충재종가에서만 이런 선택을 한 것은 아니다. 한주寒洲 이진상李震相

(1818~1886) 등 꼬장꼬장한 선비들이 대를 이어 살았던 경북 성주의 한개마을에서도 이런 사례를 찾아볼 수 있다. 우리의 전통마을과 그 안의 집들이 예측하기 힘든 다양한 모습을 띠는 것은 이렇게 제각기 다른 현실을 반영하고 있기 때문이다.

제례 영역의 밖에서 사당으로 가려면 매우 작은 대문과 내삼문을 거쳐야 한다. 대문은 기둥을 네 개 세워 작은 대문칸을 만든 사주문四柱門 형식이다. 이 사당 대문은 처마가 이마에 부딪힐 정도로 매우 낮다. 사당을 오가는 이들이 조신하고 겸손한 마음을 갖도록 건물의 높이를 낮춘 듯하다.

여기서 한 가지 주의할 것은, 사당 앞에 대문이 있다고 이곳으로 불쑥불쑥 드나들면 실례가 된다. 사당의 정면에 있는 대문은 신문神門, 곧 신이 드나드는 문이기 때문에 신위가 이동할 때만 쓰인다. 동쪽, 갱장각 옆의 좁은 통로가 산 사람들이 평상시에 드나드는 길이다.

충재종가에서는 일반 기일 제사 때에도 대문을 사용하지 않는다고 한다. 사당 대문을 열어 사용할 때는 길제吉祭를 지낼 때다. 길사吉祀라고도 하는 길제는 부친의 상을 마치고 신위를 사당에 모시면, 5대조의 신위가 사당을 떠나는 의식이다. 이때 사당 밖의 너른 마당에 충재의 불천위까지 6개의 신위를 모셔 놓고 제사를 지낸다. 4대봉사라 하여 4대조까지만 제사를 지내므로 5대조의 신위는 묘지 앞에 묻는다. 이를 매안埋安이라고 한다.

내삼문의 중앙 칸은 사람이 다니는 문이 아니라 신이 다니는 문이다. 그래서 평시에는 닫혀 있고 제삿날만 개방한다. 내삼문의 중앙 칸 앞에만 계단이 설치되지 않고 대문이 내삼문의 중앙 칸과 일직선 위에 오지 않은 것도 이 때문이다. 사람들은 앞에서 보아 오른쪽(동쪽, 정확하게는 남동쪽) 문으로만 출입한다. 서쪽 문은 사용하지 않는다. 과거에 왕명으로 제사를 모시려고 예관이 왔을 때만 사용했다고 한다. 동입서출이라고 하여 동쪽 문으로 들어갔다가 서쪽 문으로 나오는 방식과는 다른 출입 방식이다. 사당을 드나드는 방식도 문중마다 일정하지 않음을 알 수 있다.

내삼문 앞에는 아담한 마당이 있다. 사당으로 들어가기 전에 옷매무새를 가다듬을 수 있는 마음의 여유를 주는 마당이다. 계단을 올라 내삼문에 들어서면 사당 건물 앞에 다시 마당이 나타난다. 지면의 높이가 다른 두 개의 마당을 차례로 두어 지형의 급경사를 극복하고 있다.

5) 충재가의 특이한 사당 건물

1600년에 지어진 사당 건물은 화려하게 단청된 품격 있는 건물이다. 『세종실록世宗實錄』이나 『경국대전經國大典』에는 조선시대의 주택에 대한 규제 내용이 상세히 기록되어 있다. 살림집에서는 주춧돌을 포함하여 다듬은 돌인 숙석熟石을 사용하지 못하

충재종가의 사당 건물

도록 하고, 기둥 위에 화공花栱이라는 화려한 부재를 짜 넣지 못하도록 했으며, 진채단청眞彩丹靑을 못하게 했고, 석회 바르는 일도 제한했다. 그러나 사당, 부모가 물려준 가옥, 사들인 가옥, 외방外方에 지은 가옥은 이 제한을 받지 않도록 했다.

충재종가 사당 건물의 지붕 형식은 대단히 특이하다. 기본적으로 다른 사당들과 마찬가지로 맞배지붕(지붕판 두개를 앞뒤로 맞붙인 지붕. 지붕의 마구리가 'ㅅ' 자를 이루는데 이렇게 만들어지는 삼각형 부분을 박공이라고 한다)이지만, 추녀(지붕판이 만나는 지점에 45도 방향으로 거는 사각형 단면의 부재)를 설치하여 가적지붕(한쪽으로 경사지게 덧댄 지붕)을 덧대고 뒤쪽을 제외한 삼면에 부연(둥근 단면의 서까래 위에 설치하는 짧은 사각형 단면의 서까래)을 돌렸다. 추녀는 비스듬한 활주가 지탱하고 있다.

충재의 5대손인 서설당瑞雪堂 권두익權斗翼(1651~1725)이 1708년(숙종 34) 토일마을(유곡 2리)에 지은 서설당의 사당도 이와 같은 형식의 건물이다. 이로부터 충재가의 사당은 동일한 형식으로 지어졌던 것으로 추정해 볼 수 있다. 서설당 사당은 기둥 위에 공포를 설치한 주심포 형식의 건물로, 측면 가적지붕 처마에 평반자를 설치했다. 충재종가의 사당이 후대에 와서 더욱 양식화되고 장식화되었음을 알 수 있다.

사당의 내부를 들여다보자. 북동쪽인 뒷벽에 시렁을 걸고 4개의 감실을 만들어 앞에서 보아 왼쪽(북서쪽)부터 불천위인 충재 내외, 고조 내외의 위패, 증조 내외의 위패, 조부모의 위패를 차

【충재종가 사당 내부】

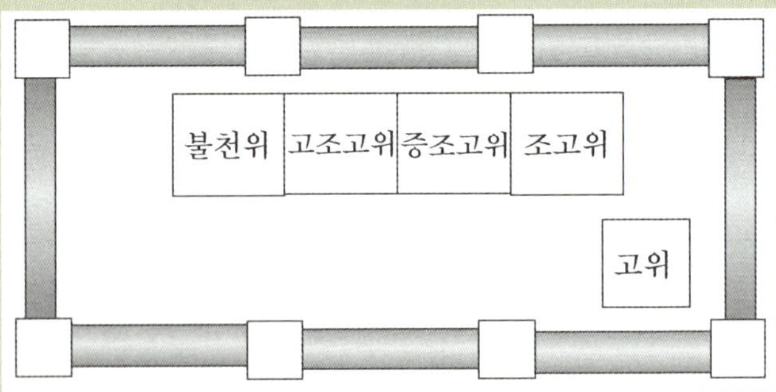

례로 모시고, 그 앞 오른쪽(남동쪽) 벽에 감실을 하나 더 설치해 종손 부모의 위패를 모신다. 불천위 앞에는 향로를 올려놓는 향안香案이 놓였고, 감실 앞에는 각각 제상이 하나씩 놓여 있다. 집안에서 오랜 전부터 전해 내려오는 고풍스러운 향로 받침대와 촛대는 섬세하게 조각된 공예품이다.

기제사 때는 신위를 안채의 대청으로 모셔가 제사를 지내지만 설과 추석 등 명절에는 이곳 사당에서 차례를 지낸다. 불천위 제사 때는 신위와 향안을 갱장각으로 모셔가 제사를 지낸다.

신위의 배열을 보면 사당에서 왼쪽이 위계가 높은 공간임을 알 수 있다. 신위가 일렬로 놓이지 않은 것은 본래 별묘에 모셨던 불천위를 이 사당으로 모셔 오는 바람에 한 칸이 밀렸기 때문이다. 본래 3칸의 사당은 4대 봉사를 하는 4대의 신위를 설치하기에 적합한 공간이다. 전면 문 3곳의 반대편 벽 좌우에 각각 한 대의 신위를 놓으면 4대의 신위가 설치된다.

6) 정자 영역의 구성

충재종가의 가장 서쪽에 배치된 정자 영역은 담, 그리고 산울타리와 마을 길로 그 경계가 뚜렷이 규정된다. 정자 영역에는 충재冲齋라는 작은 서재와 청암정이라는 정자가 자리하고 있다.

건축한 이의 호와 같은 이름의 서재인 충재는 3칸 반의 작은

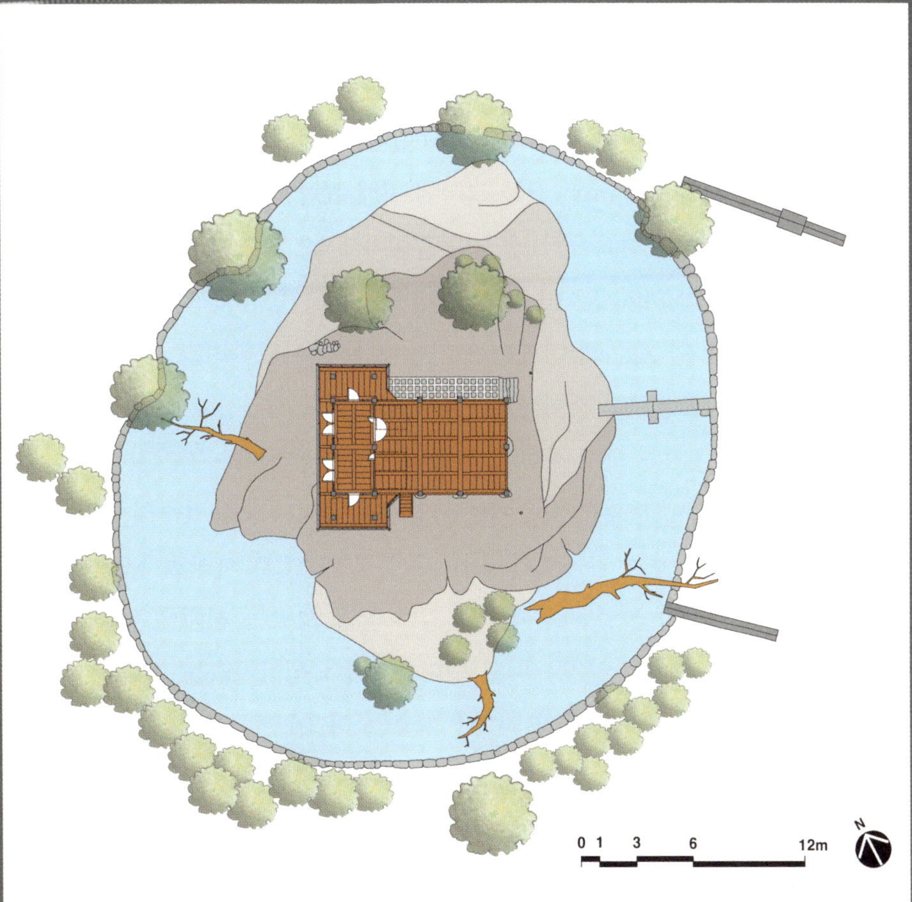

청암정 배치 평면도

(왼쪽 위) 청암정. 마을 안길의 최종 목적지이자 세상으로부터 벗어난 자연 속의 중심이다.
정자 앞의 높은 나무들은 이 정자가 밖을 멀리 내다보기보다는 자연에 둘러싸여 휴식과 사색하는 장소임을 암시한다.
(왼쪽 아래) 충재와 청암정. 본채 영역에서 본 청암정 일곽. 가을 저녁 햇살에 빛나는 단풍으로 더욱 아름답다.

규모다. 정자로서는 큰 규모인 청암정 옆에 있어서인지 더욱 작고 아담해 보인다. 삶의 태도가 명쾌하고 검박했던 같은 이름의 인물을 보는 듯하다. 겨울철에 충재는 온돌방이 없는 청암정 대신에 이 작은 서재에서 후학을 교육했다. 그런데 이 건물의 처마는 돌출 길이가 1.4m로 건물 크기에 비해 유난히 깊다. 충재보다 훨씬 규모가 큰 한옥들의 앞 처마 깊이가 1.3m 정도인 것을 감안하면, 충재의 처마 깊이는 이례적이다. 집이 서향을 하고 있어서 저녁 때 집 안 깊이 들어오는 뜨거운 햇살을 차단하려고 이렇게 깊은 처마를 설치한 것이다.

청암정은 충재가 강학을 하던 공간이다. 정자가 지어진 바위가 거북같이 생겨서 처음에는 구암정龜岩亭이라고 불렀는데, 뒤에 충재의 큰아들 권동보의 호를 따서 청암정으로 바꾸었다. 그런데 청암정이 놓인 바위와 석천정사 앞을 흐르는 시내에 깔린 반석은 실제로 푸른빛을 띠고 있다. 그래서 청암이라는 이름은 자연, 인물, 그리고 건물을 하나로 묶어 준다.

청암정은 건축과 자연이 하나 된 독특한 아름다움으로 오래전부터 지역의 명소로 소문나 있었다. 이중환도 『택리지』에서 "고을 북쪽에 있는 내성촌奈城村(닭실마을)은 이상二相(左贊成과 右贊成) 권벌이 살던 옛터로서 청암정이 있다. 정자는 못 복판 큰 돌 위에 있어 섬과 같으며, 사방은 냇물이 고리처럼 둘려서 제법 아늑한 경치가 있다"라고 말했다.

청암정은 전면 4칸, 측면 2칸의 건물이다. 맨 서쪽 한 칸의 앞뒤로 퇴공간을 달아서 T자형의 평면이 되었다. 날개 부분의 지붕은 맞배지붕이고 몸체의 동쪽 마구리는 삼각형의 합각을 설치한 팔작지붕으로 처리했다. T자형으로 생긴 이 정자는 북서쪽, T자의 머리 부분만 폐쇄적이고 나머지 세 면은 개방되었다. T자 머리 부분은 닭 벼슬처럼 조각한 짧은 기둥이 난간대를 지지하는 계자난간鷄子欄干을 빙 둘렀다.

아홉 칸 건물인 청암정의 바닥에는 모두 우물마루가 깔려 있다. 본래 벽으로 둘러싸인 두 칸에는 온돌을 설치했었다고 한다. 그런데 어느 날 그곳에서 하룻밤을 묵은 스님이 "거북이 등 위에 불을 때도 되나?"라고 말한 뒤 떠났다고 한다. 그래서 곧바로 온돌을 철거했다는 이야기가 전한다. 거북바위를 살아 있는 거북으로 여겼던 것이다.

거북에게는 물이 필요하므로 거북바위 주위를 파고 밖의 시냇물을 끌어들여 연못을 조성했다. 이렇게 자연과 인공이 만나서 바위섬이 만들어졌다. 연못 주위로는 소나무, 느티나무, 향나무 등의 나무와 장미 같은 꽃나무를 심었다. 청암정은 주변 자연 요소들의 중심으로서, 그것을 둘러싸는 바위와 연못 · 나무들과 함께 매우 정적인 분위기를 자아낸다. 「청암정기靑巖亭記」에는 "세 그루의 소나무, 바위 틈새에 자생한 화양목, 못 언덕에 소나무와 잣나무 등이 있다. 또 나지막하게 담을 쌓았으며 그 안에 미무, 모란, 작약 등 꽃과 풀을 심고 장미와 철쭉화도 곁들여 재배하고"라는 구절이 있으며, 또 뜰 가운데를 묘사한 구절에는 큰 느티나무, 단풍나무, 푸른 소나무와 전나무 등이 등장한다.

신영훈은 『한옥의 향기』(대원사, 2000)에서 건물을 바위 위에 세우고 바위의 높낮이에 따라서 기둥을 마름한 점, 가장 바깥쪽에서 서까래를 받치는 도리 곧 외목도리를 기둥 밖으로 내어 건 점 등을 들어 청암정이 1403년(태종 3)에 세워진 삼척의 죽서루와 흡사하다고 말한다. 충재가 삼척부사로 있을 때 자주 들렀을 죽서루를 모델로 청암정을 지은 것이 아닌가 하는 추정을 해 볼 수 있지만 이를 확인할 길은 없다.

3. 청암정과 석천정사

청암정과 석천정사, 건축과 자연의 아름다운 조화를 보여 주는 이 정자들을 보기 위해서라도 충재종가가 있는 닭실마을에 한번 가 볼 필요가 있다. 그런데 이것들이 자연과 조화를 이루는 방식은 서로 크게 다르다.

1526년(중종 21)에 충재가 지은 청암정은 주거지의 북서쪽 끝에 위치하여, 남동쪽에서 이어져 온 마을 안길에 동그랗게 마침표를 찍어 준다. 정자 주위에는 연못을 두르고 돌다리를 놓아 드나들게 했다. 연못 밖에서 정자로 가는 작은 돌다리를 건너면, 극단적인 정쟁政爭이 난무하는 속세에서 벗어나 자연에 둘러싸여 영원한 휴식을 취할 수 있는 별천지가 등장한다. 그래서 연못의

(위) 충재에서 본 청암정. 장대석 다리를 건너 건물 뒤쪽에서 안으로 들어간다.
(아래) 석천정사. 시내, 축대, 담과 난간, 그리고 지붕이 나란히 평행선을 이루는 수평적인 건축이다.

물과 나무들로 둘러싸인 청암정은 어디로 가는 통로가 아니라 움직임의 최종 목적지다. 마을의 다른 집들과 마찬가지로, 청암정에서는 남산이 바라보일 뿐 별다른 경치가 눈에 들어오지 않는다. 더욱이 정자 앞에 큰 나무들이 있어서 앞이 시원하게 내다보이지도 않는다.

한편, 마을에 전해 내려오는 '유곡팔경酉谷八景' 중에서 청암정에 관한 것은 '연못'(靑巖菏池)과 '저녁 비'(靑巖暮雨)의 두 가지인데, 모두 멀리 있는 것이 아니라 중심에서 본 인근의 자연을 지칭한다. 이런 사실들은 정자가 밖을 향하기보다는 밖에서 들어오는 종착점임을 암시한다. 정자 건물의 디자인도 이런 추론을 뒷받침한다. 멀리 내다보기 위해 땅바닥에서 성인의 키만큼 높이 들어 올려지는 다른 정자들과 달리, 청암정은 통풍을 위해 바위에서 3자(90cm) 정도만 높였다.

중심에 대한 의식이 너무 앞섰기 때문일까, 아니면 세상에서 벗어나도 벗들과 함께하고픈 마음 때문이었을까. 청암정은 기단 역할을 하는 바위 크기에 비해 규모가 다소 과도하다. 그렇지만 건물과 바위가 하나가 된 청암정은 우리 정자 건축의 걸작이라고 할 만하다.

본래 닭실마을은 석천정사가 있는 쪽에서 접근되었으며, 지금부터 30년 전까지만 해도 마을의 주 진입로는 주거지 앞을 흐르는 앞거랑 쪽에서 백설령을 바라보고 뻗어 있었다. 앞거랑을 따라 이 마을 진입로로 연결되는 길을 과거에는 솟대거리라고 불렀다. 이제 과거의 마을 진입로는 평범한 농로가 되어 버렸지만, 안길과 만나는 지점에서 안길이 심하게 굴곡된 것을 통해 과거 진입로의 영향을 볼 수 있다.

달걀 모양으로 고여 있는 물 가운데의 노른자처럼 중심성을 가진 청암정과 달리 석천정사 일곽은 흐르는 물을 따라 선적線的으로 조성되었다. 시내가 건축의 경계가 되고 건축이 시내의 경계가 되는 모습은 경북 경주시 안강읍 옥산리에 있는 독락당의 '계정'을 떠올리게 하는데, 시내와 건물 모두 이곳이 좀 더 규모가 크다. 마을로 들어가는 사람들을 반갑게 안내하는 듯, 석천정사의 담과 건물은 길게 늘어서 있다. 청암정이 정적인 목적지라면 석천정사는 동적인 길목이다. 정사 뒤로는 남산의 평평한 구릉이 받치고 있고, 앞으로는 청회색의 반석이 평평하게 펼쳐져서 수평적인 분위기를 더해 준다. 정사의 담에 씌운 기와지붕과 중심 건물인 수명루水明樓 쪽마루의 계자난간이 시내를 따라 하나의 긴 직선을 이룬다. 수명루가 좀 더 낮았더라면 수평성이 더욱 살았을 것이라는 아쉬움이 든다.

청암정이 주변으로 자연물을 배치하고 스스로 중심이 된 인위적인 정자라면, 석천정사는 자연의 흐름을 그대로 따름으로써 자연과 하나가 되고 있다. 전자가 '목적'이라면 후자는 '과정'을 의미한다. 자연과 조화를 이루는 이 두 가지 방식은, 현실적으로는 세도가로서 지역의 중심인물이면서 정신적으로는 자연을 따르는 소박한 성리학자였던 당시 인물의 이중적인 측면을 반영하는 것 같다.

4. 광역 경영과 지속 가능한 건축문화

1) 영속되는 사람과 건축

권벌은 호가 충재沖齋 또는 훤정萱亭인데, 한글로 옮기면 빈 집 또는 초가 정자다. 충재의 둘째 아들 권동미權東美의 호는 석정石亭, 돌 위에 지은 혹은 돌로 지은 정자라는 뜻이다. 인물들의 호가 대개 자연 재료로 소박하게 지은 집을 일컫고 있다. 집은 곧 그 사람이라고 생각했던 것 같다.

건축물의 지속은 사람의 지속을 의미했다. 그것은 당대에 이용하고 마는 실용적 소모품이 아니었다. 집은 일시에 완성되는 제품이 아니라 대代를 이어 짓고 경영해야 하는 진행형의 대상이었다. 그것은 사람의 삶과도 같이 대대로 이어지는 역사였다.

충재는 죽은 후에도 그가 지은 청암정을 매개로 퇴계 이황, 미수 허목 등 후진들과 인연을 이어 나간다. 1565년(명종 20), 이곳에서 멀지 않은 안동시 도산면 토계리의 도산서당에 거처하던 퇴계는 닭실을 방문하고 정자가 바위, 연못 등 자연물과 어우러지는 아름다운 모습을 두 수의 시로 노래했다. 이 시들을 새긴 현판이 정자 안에 걸려 있는데, 그중 한 수를 충재의 후손인 고 권숙 선생의 번역을 참고해 한글로 옮기면 다음과 같다.

> 충재공은 예전부터 깊은 뜻을 품었으나
> 끊임없던 화복은 순간의 번개같이 공허하네.
> 지금껏 정자는 기이한 암석 위에 있고
> 변함없는 연꽃은 오래된 연못 속에 있네.
> 눈에 가득한 구름에 소박한 즐거움을 품고
> 뜰 한쪽에서 자라는 난에서 남겨진 교훈을 보네.
> 나같이 못난 사람이 공의 거둠에 힘입어서
> 흰머리 날리며 시를 읊으니 그 회포 한이 없어라.
>
> 我公平昔抱深衷　倚伏茫茫一電空
> 至今亭在奇巖上　依舊荷生故沼中
> 滿目煙雲懷素樂　一庭蘭玉見遺風
> 鯫生幾誤蒙知奬　白首吟詩意不窮

퇴계가 이곳에 온 것은 아마 정자를 감상하려는 것보다 충재를 추모하는 정이 컸기 때문이리라. 퇴계는 충재보다 23살 연하로, 1533년 밀양부사로 부임하는 충재를 한양에서부터 수행할 만큼 그 인연이 오래되고 각별했다. 이 시를 보면 충재는 퇴계를 퍽 아끼고 보살펴 주었던 것으로 보인다. 두 사람의 인연은 후대까지 이어져서, 충재의 5대손인 권두경은 『퇴계선생언행록』을 편집해 충재가 모셔진 삼계서원에서 간행했다.

한편, 전서篆書의 대가인 미수 허목은 88세 때인 1682년, 충재를 흠모하고 정자의 아름다움을 찬미하는 마음으로 '청암수석靑巖水石' 이라는 편액 글씨를 썼다. 미수는 그해로 천수를 다하고 죽었으니, 이 편액이 그의 마지막 작품인 셈이다. 충재의 지행과 덕행을 사모하는 마음으로 썼다고 부기되어 있는 이 편액의 원본은 충재박물관에 전시되어 있다.

석천정사는 1565년 청암 권동보가 건립했다. 이미 청암의 부친인 충재가 1526년에 동구 밖 시냇가의 긴 바위에 돌로 축대를 쌓아 터를 마련해 두었으니, 대를 이어 건축을 구상하고 실현한 것이다. 청암은 아버지가 유배지에서 죽자 관직을 버리고 고향으로 돌아와 산수를 벗 삼아 지냈다. 석천이라는 이름은 자신의 맏아들 권래의 호를 딴 것이다. 석천은 청암의 동생 권동미의 둘째 아들로, 청암의 양자로 들어와 종손이 되었다. 석천 또한 정사에 온돌방을 증축하는 등 조상들이 조성한 건축을 유지 · 관리해 나갔다.

거주공간의 영속성에 대한 믿음은 건축물에 건축을 한 자신보다는 그 건축물을 계속 사용할 자식의 호를 붙이는 데서 잘 드러난다. 청암정과 석천정사 모두 이름을 건립자 자신의 호가 아니라 그 아들의 호에서 땄다. 석천정사는 1655년(효종 6) 을미년乙未年에 홍수로 떠내려가서 한동안 자취를 감추었다. 뛰어난 인재들이었던 권두인과 권두경 등 충재의 5대손 대에 이르러 닭실마을 안동권씨의 전성기를 이루는데, 그들이 비로소 석천정사도 다시 짓는다. 1710년(숙종 36)의 일이다. 이렇게 전통건축은 그 시대의 인물들과 성쇠를 같이하는 경향이 있다.

한편, 닭실마을의 이웃에 있는 토일, 곧 유곡 2리의 송암정松巖亭은 충재의 둘째 아들인 권동미가 지은 정자다. 그런데 정자 이름이 건축을 한 권동미의 호인 석정이 아니라 그의 맏아들 권채權采의 호인 송암이다. 권동미의 4대손인 서설당瑞雪堂 권두익權斗翼은 1708년(숙종 34)에 서설당을 짓는다. 서설당은 본래 송암정 앞에 있던 건물을 토일의 동쪽 끝부분으로 옮겨 지은 것이다.

춘양에 있는 한수정寒水亭은 이전에 있던 거연헌居然軒의 후신後身이다. 거연헌은 1576년 충재의 큰아들 청암 권동보가 지은 정자였는데 불타 없어졌다. 건물은 불탔지만 그 건축의 장소와 정신은 사라지지 않았다. 물리적인 실체를 복구하는 데 한 세대의 시간이 필요했을 뿐이다. 1608년 석천 권래는 자신의 아버지

한수정

가 만든 건축을 '찬물과 같은 맑은 정신으로 공부하라' 는 따끔한 충고를 담은 '한수정' 이라는 이름으로 부활시킨다.

한수정은 공부하는 이들이 교유하는 장소였으며, 후에는 애국지사들이 집회를 열고 은신하는 곳으로도 사용되었다. 한수정은 뒤에 또 화재를 입어 1991년에 본모습으로 복원했다. 대문 오른쪽에 건물의 나이인 400여 년 된 회나무가 서 있어 그 역사를 말해 주는 한수정은 현재 경상북도 유형문화재 147호로 지정되어 있다.

2) 광역 경영의 중심, 종가

16세기의 성리학자들은 거주공간을 사유 속에서 우주까지 확장한다. 그리고 실제로도 넓은 지역을 경영한다. 1526년에 충재가 뒤에 석천정사가 지어지는 토대를 마련한 것은 광역적인 거주 영역을 조성하는 첫 걸음이었다. 충재의 후손들은 석천정사를 전초기지로 삼아 사방으로 의미 있는 장소들을 조성해 나간다. 『석천지』「건권乾券 정사精舍 산수총론山水總論」에는 다음과 같은 말이 있다. "본 정자로부터 서쪽으로 삼계에 이르고 북쪽으로 재사동에 이르며 동쪽으로 송암정에 이르며 동북쪽으로 청암정에 이르는데, 그 사이의 거리가 4~5리가 되지 않는다. 지척의 사이지만 모양이 각각 다르고 기상이 같지 않아 모두가 명구名區와

승경인데, 여기서 가장 뛰어난 절경을 든다면 모두 본 정(石泉精舍)과 청암정을 으뜸으로 한다."

종가는 문중이 경영하는 광역 거주권에 지어지는 건축의 모델로, 건축 행위의 기준이 된다. 충재의 후손들이 만든 살림집, 정자, 사당의 조성 방식과 디자인은 종가의 그것들과 특성을 공유한다. 결과적으로 종가는 지역 건축문화의 시작점이자 기준이다.

거주 영역의 확장은 죽은 이의 공간을 마련하는 과정에서, 그리고 생산공간을 확보하는 과정에서 일어난다. 사실 과거에 묘소와 농토는 긴밀히 연결되었다. 묘소가 위치한 지역마다 제사 비용의 원천이 되는 위토位土를 확보하고 그것을 관리하는 조직인 소所를 설치했다. 시제에 필요한 제물은 위토에서 나는 소출로 준비했다.

충재의 재실인 추원재追遠齋는 충재종가 북서쪽의 큰재궁골 계곡에 자리 잡고 있다. 본래는 충재가 그곳에 외조부 내외분과 부모의 묘소를 관리하기 위해 자그마한 재실을 두었다. 뒤에 충재의 유해도 이곳에 모시고 추원재를 지었다. 그 뒤 1671년에 후손들이 이 재실 건물을 다시 지었다.

산을 등지고 남동향으로 자리한 이 재실은 4개의 건물로 구성된 '튼ㅁ' 자 구성이다. 제수를 보관하는 창고 및 문집 목판을 보관하는 용도로 꾸며진 대문채와 현재 관리인이 거주하는 관리사, 그리고 대문채와 나란히 일자형 상실이 자리하고 있다. 상실은 제관이나 유사들이 사용하는 공간이다. 동쪽에는 중층의 누각형 건물로 아래에는 묘소로 통하는 문을 설치했다. 상부는 망제望祭(멀리서 조상의 무덤이 있는 쪽을 향해 지내는 제사)를 지낼 수 있는 공간으로 활용한 듯하다.

추원재라는 현판이 걸려 있는 상실은 높은 2단의 기단 위에 앉았다. 기단의 아랫단은 매우 높고 윗단은 낮게 처리해 위계를 높이면서도 건물의 수평성을 강조했다. 정면 7칸, 측면 1칸 규모로 재실 건물로서는 상당히 큰 규모다. 왼쪽 2칸은 2자 정도 폭의 툇간을 두고 온돌방을 들였으며 가운데 4칸에 걸쳐 넓은 대청을 두었다. 그리고 오른쪽은 툇간 없이 온돌방을 두었다. 왼쪽 온돌방과 오른쪽 온돌방은 모두 대청 쪽으로 분합문(들어열개문)을 두었으며 정면 쪽으로 쌍여닫이 세살문과 외여닫이문을 달았다. 다만 오른쪽 온돌방만 뒤와 옆에서 출입할 수 있도록 문을 설치했으며 대청의 뒤쪽에는 머름을 둔 쌍여닫이 판문을 설치했다.

상실 건물에는 우물마루를 깐 수법과 문틀을 맞추는 문틀연귀(액자틀처럼 모서리 부분을 45도로 맞추는 것)수법 등 오래된 건축 수법들이 남아 있다. 왼쪽 온돌방 전면 기둥에 상방을 설치한 흔적이 남아 있는 것으로 보아 과거에는 오른쪽과 동일한 평면 구성이었을 것으로 추정된다. 전면 기둥만 원주를 사용하였으며 상부는 굴도리에 판대공을 세운 3량구조로 건물 규모에 비해 상부구조는 간단하다. 대문채는 전면 9칸의 긴 건물로 대문간을 중심으로 왼쪽은 유사방과 제수를 보관하는 창고 및 부엌, 오른쪽은 목판 및 문집을 보관할 수 있는 용도로 꾸몄다. 왼쪽의 온돌방과 부엌 및 고방은 외부에서도 출입이 가능하도록 해 행사 시 동선 연결이 원활하도록 했다. 오른쪽 부분은 온돌방 한 칸과 고방 2칸으로, 고방은 목판 및 서책을 보관하기 좋게 우물마루를 깔고 판벽으로 벽체를 마감해 통풍과 환기가 잘 되도록 했다. 동쪽 누각은, 아래층은 묘소로 갈 수 있는 대문간과 고방 및 이층을 오를 수 있는 계단으로 구성되었다. 위층은 안쪽과 상실 쪽으로 개방되고 오른쪽과 뒷부분은 판벽과 판문으로 폐쇄했다. 그리고 안마당 쪽으로 난간을 설치했다. 사각기둥에 3량구조, 홑처마 맞배지붕의 건물이다. 건립 연대는 그리 오래되지 않은 것으로 판단된다.

관리사는 재실의 관리인이 거주했으나 원래는 향사 때 제관들이 머물던 곳으로 추정된다. 가운데 2칸 마루를 중심으로 좌우에 온돌방을 들였다. 좌측의 부엌은 증축한 것이다.

이 재실은 이 지역의 많은 재실 건축물 가운데 규모가 상당히 크고, 상실과 관리사 등 여러 곳에 오래된 건축 수법들이 잘 남아 있어 건축적인 가치가 크다. 다양한 기능을 수용할 수 있도록 공간을 구성한 것도 흥미롭다.

3) 닭실에서 토일로

충재가의 거주 영역은 먼저 닭실마을에서 동쪽의 산모퉁이를 돌아 토일마을로 뻗어 나갔다. 충재의 둘째 아들인 권동미가 송암정을, 권동미의 4대손인 서설당 권두익이 1708년(숙종 34)에 서설당을 지었다.

닭실과 토일을 가르는 언덕을 돌아서면 바로 송암정이 있다. T자형의 평면에 건물 전체를 계자난간으로 두른 것이 특이하다.

서설당은 송암정 앞에 있던 건물을 동쪽으로 옮겨 토일마을의 동쪽 가장자리에 지은 것으로, 사교와 공부를 하던 공간이다. 18세기의 시대적 특성과 형태를 잘 간직하고 있어 경상북도 민속자료 104호로 지정되어 있다.

서설당은 'ㅁ' 자형의 본채와 사당으로 구성되어 있다. 앞에서 보면 서쪽의 안행랑채 6칸과 사랑채 5칸, 모두 11칸의 긴 건물이 그 뒤의 안마당과 안채를 완벽하게 가리고 있다. 사랑채 전면에는 모두 계자난간이 설치되어 횡 방향성이 더욱 강조된다.

안채는 앞면 6칸 옆면 2칸 규모인데, 앞면 4칸과 옆면 2칸에는 모두 우물마루를 깔았다. 안채는 안방 · 웃방 3칸, 건넌방 2칸 등 온돌방이 5칸인데, 대청은 8칸이나 된다. 제사를 지내는 공간인 대청이 이렇게 안채 구성을 압도하는 것에서 과거에 제사가 얼마나 큰 비중을 차지했는지 알 수 있다.

서설당 전경

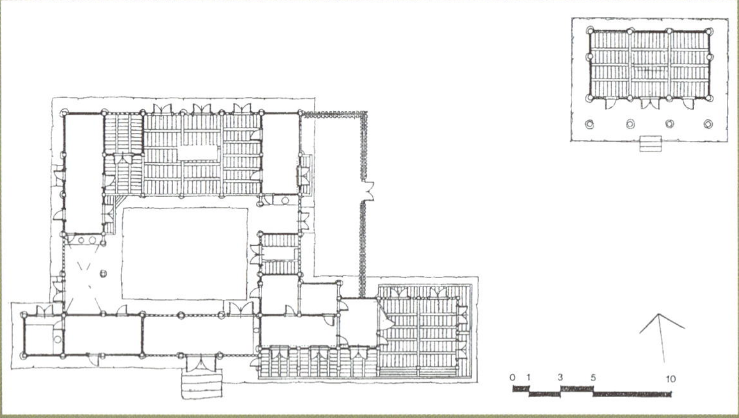

서설당 배치평면도
(출처: '99건축문화의 해 조직위원회, 『전국 건축문화유산 대구 · 경북』, 1999)

팔자지붕을 이은 사랑채는 소로로 장식한 소로수장집이다. 앞면 5칸, 옆면 2칸으로 'ㅁ'자 구성에서 동쪽으로 4칸 길이가 돌출되어 있다. 앞에서 보면 왼쪽의 온돌방 5칸이 큰사랑방과 작은사랑방이며, 오른쪽에 대청 4칸이 있다. 안채로 들어가는 중문에서 가장 먼 대청의 측면으로 사랑채에 들어가도록 처리함으로써 남녀의 동선을 분리했다.

사당은 본채의 동쪽 뒤쪽으로 약간 높은 언덕 위에 남향으로 배치되었다. 충재종가에서와 달리 사당을 정침의 동쪽에 두도록 한 『주자가례』의 지침을 따랐다. 사당은 전면에 퇴를 두어 개방한 3칸 집으로, 규모와 지붕 구성은충재종가의 사당과 동일하다.

4) 춘양과 서울에도 거처를 마련하다

충재는 57세 때인 1534년 춘양현春陽縣에 산장山莊을 마련한다. 이후 춘양은 충재가의 광역적인 거주공간 경영에 중요한 거점이 된다. 1576년에 큰아들 청암 권동보는 춘양에 거연헌居然軒을 지었다. 부친이 지은 충재종가의 청암정처럼 시냇가의 물을 끌어들여 정자 주위에 동그랗게 돌렸다. 태백산 아래의 춘양은 봉화에서 강원도로 넘어가는 길목으로 닭실마을에서 18㎞나 떨어진 먼 곳이다. 그럼 충재는 왜 이렇게 먼 곳에 거점을 마련한 것일까?

충재는 외가와의 인연으로 춘양을 택한 것으로 보인다. 그곳은 외가인 파평윤씨 일파의 전장田莊이 있던 곳이기 때문이다. 춘양은 충재가에서 대대로 묘를 쓰는 땅, 곧 세장지지世葬之地다. 현 종손의 18대조인 충재 이후 충재가의 묘소 위치를 추적해 보면 그것을 알 수 있다. 충재 부부의 합장묘를 비롯해 모친 파평윤씨, 부친 의정 권사빈, 맏며느리 밀양박씨, 맏아들 청암 권동보, 그리고 숙부인 교수 권사수와 부인 봉화금씨, 둘째 아들 권동미의 묘소는 닭실마을의 서북쪽, 충재종가에서 1㎞ 거리인 유곡리 중마을 큰재궁골에 있다. 그런데 그 다음으로 묘소가 많은 곳이 춘양이다. 현 종손의 15대조(권상충), 12대조(권규), 11대조(권정윤), 8대조(권재운), 6대조(권대연) 등 5대의 조상들의 묘소를 춘양에 썼다. 이는 충재가 묘소의 거의 1/3에 해당한다.

한편, 당시의 사대부들은 종가를 중심으로 너른 권역을 경영함과 동시에 향촌경택鄕村京宅이라 하여 서울에도 거처를 마련했다. 충재도 64세 때인 1541년 예조판서와 지의금부사에 차례로 임명된 후 그해 7월 한양의 동대문 밖 상산商山 자락에 경택을 마련했다. 충재가 서울에 집을 마련하자 농암聾巖 이현보李賢輔 등이 와 축하해 주었다. 그때의 심정을 충재는 다음과 같이 표현했다.

> 일만 그루 소나무 모여 있는 곳에 새 집을 지으니,
> 벼슬아치 모임도 아름다운 것임을 비로소 알았네.

더구나 일찍이 응천에 들렀던 나그네니,
노년에 마주함에 뜻이 어떠하겠는가.
萬松攢處有新家　　刱見朱輪會亦嘉
況是凝川曾過客　　衰年相對意如何
「동대문 밖에 새 집을 지었더니 농암 이비중을 비롯해 여러 분들이 왕림해 주었다. 이에 절구 한 수를 지어 사례한다」(新作家於東大門外, 聾巖李棐仲及諸公枉訪, 聊作一絶以謝之)

다음과 같은 『농암선생연보』 75세 조의 기록은 그때의 상황과 이 시의 내용을 자세히 알려 준다. "칠월 권충재가 새로 지은 집에 모여 술을 마셨다. 이때 충재 선생은 예조판서였는데 영미정永美亭 뒤에 새 집을 지었으므로 선생께서 가 보신 것이다. 참의參議 장대훈張大訓, 첨지僉知 조적趙績, 위장衛將 조수천趙壽千 등과 우연히 모임이 되었는데 주객 5인이 모두 밀양군수를 지낸 적이 있었다. 그래서 선생의 시에 이르기를 '앉은 분들 전후하여 밀양군수였으니 다섯 사람 마음이 다시 어떠한가?' 라고 했다."

뒤에 충재의 후손인 강좌江左 권만權萬(1688~1749)은 이 주택의 터를 지나다가 장편의 회고시 「홍인문을 걸어 나가다」(步出興仁門行)를 지어 이때의 이야기를 후세에 전해 두었다.

5) 지속되는 건축문화

충재가의 건축물들을 살펴보면 공통적인 성향을 가지고 있다. 충재가의 건축에 일관된 경향이 나타나는 것은 청암정, 사당 등 충재종가의 건축이 후손들의 건축활동에 전범이 되었기 때문으로 보인다. 그럼 충재가의 건축이 보이는 공통적인 특징들, 곧 충재가의 건축문화를 살펴보자.

첫째 횡적인 영역 구성 방식이다. 충재가의 건축은 살림집, 사당 등의 영역을 횡으로 배열하는 경향이 있다. 건축물이 산기슭을 따라 옆으로 펼쳐지는 대신 깊이감은 얕다. 이것은 횡 방향으로는 길게 펼쳐지고 종 방향으로는 좁은 지형의 영향으로 보인다. 이런 특징은 충재종가와 서설당, 그리고 석천정사에서 잘 살펴볼 수 있다.

둘째는 정자가 공통적인 디자인 어휘들을 갖는다는 점이다. 충재가에서는 종가 영역에 있는 청암정을 비롯해 많은 아름다운 정자를 세웠다. 충재가의 정자들은 원형의 물로 둘러싸인 기단 위에 지어졌다. 충재가에서 세운 정자는 대개 산속이나 물가에 세워지기보다는 근처의 물을 끌어들여 고요한 물 가운데 있다. 여기서 정자가 공부하는 곳이었음을 알 수 있다. '찬물과 같은 맑은 정신으로 공부하라' 는 뜻의 한수정이라는 이름에서 이런 정자의 성격을 엿볼 수 있다. 쉬고 놀기만 하는 공간에 그런 이름을 붙일 수는 없었으리라.

둥글게 정자를 둘러싸는 물은 그곳을 세상과 분리시켜 공부의 장소로 만들어 준다. 『논어』「옹야雍也」편에 '지자요수知者樂水'(지혜로운 사람은 물을 좋아한다)라는 공자의 말이 나오지만, 물은 공부하는 자의 벗이었다. 또한 『장자』「덕충부德充符」편에는 '명경지수明鏡止水'라는 말이 있다. 맑은 거울과 고요한 물이라는 뜻이다. 사사로운 생각이 없는 깨끗한 마음을 일컫는다. 고요하고 깨끗한 물에 자신을 비추어 보는 것은 공부의 시작이었다.

외부에서는 장대석 다리를 통해 물을 건너야 정자로 진입한다. 정자 건물은 T자형으로, 마루와 온돌방을 모두 갖췄다. 봉화 지역은 기온이 낮아 정자에도 온돌방이 필요했던 것일까? 아무튼 충재가의 정자는 온돌방을 둔 정자들 중에서 가장 오래되었다. 뒤에 지어진 전남 담양의 면앙정과 경북 김천 원터마을의 방초정이 이런 계열의 정자다. 지금 보는 면앙정은 1654년에, 방초정은 1787년에 다시 지은 것이다.

그 밖에도 충재의 정자들은 기단에서 건물 바닥을 많이 들어 올리지 않았다. 마루와 함께 온돌방을 구성한 것이 한 이유라고 생각된다. 물론 방초정은 온돌방이 있지만 기단에서 1.4m 들어 올렸기 때문에, 그것만이 이유라고 보기는 어렵다. 또한 정자 건물에는 밖으로 직접 연결되는 부분을 제외하고는 모두 계자난간을 두른다. 이런 정자 디자인의 특징들은 청암정과 한수정에서 잘 살펴볼 수 있다.

셋째는 사당 건물의 지붕 형식이다. 일반적으로 사당 건물은 맞배지붕을 이는데, 충재가의 사당들은 맞배지붕에 추녀를 설치하여 가적지붕을 덧대고 뒤쪽을 제외한 삼면에 부연을 돌리는 매우 독특한 디자인을 보여 준다. 추녀는 비스듬한 활주가 지탱한다. 이런 특징은 충재종가와 서설당의 사당들에서 잘 살펴볼 수 있다.

6) 충재종가의 멋과 맛

이 책에서 우리는 충재의 공간을 면밀히 살핌으로써 그가 가졌던 신념과 이상, 그리고 미학을 알아보았다. 먼저 16세기 성리학자들의 거주관을 살피고, 충재와 그 후손들이 남긴 건축에서 시대를 초월하는 의미 있는 건축문화를 찾아보았다. 그의 후손들이 종가를 중심으로 전개해 온 문학과 예술, 그리고 음식을 통해 품격 높은 삶의 방식에 대한 교훈과 지침을 얻을 수 있었다. 충재종가의 건축과 음식에서 발견한 수준 높은 문화는 양적인 성장의 시대에서 삶의 질을 추구하는 사회로 이행하려는 현 시점에서 우리가 높은 안목을 갖추는 데 적지 않은 도움이 될 것으로 믿는다.

충재종가의 멋과 맛은 더 이상 문중만의 것이 아니다. 그것은 봉화와 안동, 혹은 경북지역의 문화로 이해되어야 한다. 통신 기술이 크게 발달하고 이동의 속도가 날로 빨라지는 현대사회에서 공간적 거리는 점점 더 의미를 잃고 있다. 이에 따른 부정적 현상의 하나가 지역성의 상실이다. 이 책을 쓰면서 나는 현대의 공간미학과 음식문화가 모범으로 삼을 만한 오래된 지혜를 충재 종가의 문화에서 찾을 수 있었다. 충재종가의 멋과 맛은 지역성, 나아가서는 한국성의 중요한 부분으로 재평가되어야 한다.

참고문헌

『명종실록明宗實錄』.

『중종실록中宗實錄』.

『충재선생문집』.

『충재일기』.

『퇴계학』 제19집, 안동대학교 퇴계학연구소, 2010. 1.

권응도 찬, 『국역 석천지石泉誌』, 안동권씨 유곡 종중, 1994.

이중환, 『택리지擇里志』, 이익성 옮김, 한길사, 1992.

村山智順, 『朝鮮の風水』, 조선총독부, 1931.

경상북도 · 경북대영남문화연구원, 『경상북도 종가문화연구』, 2009.

국립문화재연구소 편, 『종가의 제례와 음식 8－안동권씨 충재 권벌 종가, 풍산류씨 서애 류성룡 종가』, 월인, 2005.

김태완, 『책문』, 소나무, 2004.

김형효 등, 『퇴계의 사상과 그 현대적 의미』, 한국정신문화연구원, 1997.

안동권씨安東權氏 유곡종친회酉谷宗親會, 『500년 문화文華－유곡酉谷』, 1995.

안장헌 · 이상해, 『서원』, 열화당, 1998.

이순형, 『한국의 명문 종가』, 서울대학교 출판부, 2000.

이연자, 『천년의 삶으로 이어온 종가 이야기』, 컬처라인, 2001.

한국 문화역사지리학회 편, 『한국의 전통지리사상』, 민음사, 1992.

한국생활사박물관 편찬위원회, 『한국생활사박물관 09－조선생활관 1』, 사계절, 2003.

한필원, 『한국의 전통마을을 찾아서』, 휴머니스트, 2011.

'99건축문화의 해 조직위원회, 『전국건축문화유산 대구 · 경북』, 1999.

강선중, 「한국 전통마을의 공간구성방법에 관한 연구」, 명지대학교 석사 학위 논문, 1984.
_____,「금계포란형 국면의 마을공간구성방법에 관한 연구」, 명지대학교 박사 학위 논문, 2000.
강선중 · 김홍식,「마을공간 구성방법에 대한 한국전통사상 연구」,『대한건축학회 학술발표논문집』6권 1호, 1986. 4.